예수재의문역해

상진 외 편역

[사]청련사예수시왕생칠재보존회

현생과 내생의 길을 함께 닦는 예수재

소납(小衲)이 불문에 들어 범패에 매료되어 그것을 습득하고 아울러 중생구제의 현장인 의례 채비를 익혀 왔다. 제방의 종장 스님들에게 범패를 사사하고 한편으로는 후학들을 가르쳐 왔다.

양주 청련사에 바랑을 내린 이래 전통문화를 기반으로 현대에 적합한 의례로 현대인들에게 다가갈 수 있는 의례를 가르치며 실행하던 차 청련사에 의례를 정부나 지자체의 무형문화로 지정받으면 좋겠다는 제안을 여러 차례 듣게 되었다.

처음에는 부처님만 잘 모시면 되지 문화재가 무엇이 필요한가 하는 생각에 관심이 적었다. 하지만 세상의 변화를 외면해서는 안 된다는 간곡한 제안들에 그 방법을 찾게 되었다.

일차 청련사 의례 문화의 가치가 과연 있는지를 확인해 보기 위해 관련 학자들을 청련사 의례 문화의 현장에 초청하여 관람하게 하고, 자문을 듣기 시작하였다. 여러 학자들이 문화적 가치가 있으며 다른 의례 문화에 비해 부족하지 않다는 의견을 주셨다.

학자들의 의견을 논문으로 정리하여 세미나를 발표하면 좋겠다는 제안을 수락하고 2018년, 2019년 2차에 걸쳐 "양주 청련사의 역사와 문화", "청련사 예수시왕생칠재의 역사·문화적 의의"라는 주제로 11편의 논문이 발표되었다.

　세미나의 주요 의견은 문화적 가치가 충분하다는 것이라고 볼 수 있었다. 물론 청련사에서 개최하는 세미나였으므로 아무래도 우호적인 의견이 많이 개진될 수밖에 없다고 해도 무형문화재 지정을 위한 신청이 필요하다고 확신하고 관련 학자들의 도움으로 신청을 하게 되었고, 그것이 결실을 보아 금년 5월 경기도 무형문화재 제66호로 지정되기에 이르렀다.

　문화재 지정과 상관없이 구구절에 개최해온 선조사 제례와 함께 독판 예수재, 동참 예수재를 열어서 재자의 소원을 기도해왔다. 이와 같은 의례를 위해서는 대본인 의문은 필수적인 요소라고 할 수 있다.

　그래서 그간 소납이 선대 스님들로부터 배운 것을 바탕으로 고서를 참고하여 수년에 걸쳐 예수재의문 편찬 작업을 해왔다. 그것이 이제 어느 정도 정리되어 2022년 청련사 예수시왕생칠재는 새로 엮은 전정판『예수재의문』을 토대로 의례를 행하게 되었다.

　의문은 편찬되었으나 의문이 한문이라 능숙하지 못한 분들을 위해서는 역해서가 필요하다는 건의를 받게 되었다. 해서 주변 학자들과 함께 수개월 동안 역해 작업을 하여 이 책을 내놓게 되었다.

이 책은 청련사예수시왕생칠재의 의문인 전정판『예수재의문』을 역해한 본이다. 역해를 위해『예수시왕생칠재의찬요』[광흥사, 1576, 『한국불교의례자료총서』(약칭'KR')2집],『범음산보집』(1707,『한국불교전서』11 약칭'HD'),『산보범음집』(1713, KR2),『오종범음집』(1661, HD12),『영산대회작법절차』(1634, KR2), 1769년 봉정사『청문』, 1529년 필사본『청문』,『작법귀감』(1826),『석문의범』(1935) 근대의 필사본『제반법요』등의 차례나 의문, 협주를 주로 참고하여 교정하였다.

역해 순서와 방법은 다음과 같다. 일차 해당 의례를 먼저 간략히 설명하고 한문 원문을 제시한 뒤 그 의역을 작은 글자로 들여쓰기 방식으로 그 아래 표기하였고, 중간중간에 의례의 진행이나 필요한 것들은 본문 명조로 설명하였다.

본 역해가 완벽하다고 할 수는 없다. 한문의 다의성도 그렇고 불교 의례에 대한 전통적인 이해와 고문의 협주가 반드시 일치한다고도 할 수 없는 점이 적지 않다. 가령 18세기 이후 의례 문헌에서 나타나는 '명다(茗茶)'는 이전 본에는 '명다(名茶)'로 나타난다. 유명한 차라는 뜻이라고 할 수 있다. 또 합장게 3구 '성심진실상(誠心眞實相)'은 적지 않은 영산재 의문에는 '성심진실향(誠心眞實香)'으로 나타나는데,『오종범음집』(1661)에 의하면 대철 스님이 실상에 부합해야 향이 나오므로 '상'으로 고쳐야 한다고 하며 고치고 있는데, 후대 본들이 '상'자를 따르거나 원래대로 '향'자로 표기되고 있음을 볼 수 있다.

진언의 경우, 고본과 현대 의문 사이에는 음운변화가 적용되어 차이가 많은데, 가능하면 1800년대 간행된 망월사『진언집』을 최대한 따르기로 하였다. 왜냐하면 그 이후의 본들은 구개음화가 진행되어 변화가 많기 때문이다. '사바하'의 경우 '스바하'라고 할 수 없어 현실 표기와 발음을 그대로 따랐다.

편집 구성의 경우 전통적으로 제목은 두 자 들여 쓰고 게송이나 진언은 내어쓰기 방식인데, 진언은 내어 쓰고 게송은 한 자 들여쓰기 방식을 택하였다.

수륙재나 예수재 등의 의식을 행하는 순서도 두세 가지 유형이 있다. 비교적 간략하게 의례를 행하는 본은 상·중·하위를 청해 모셔 놓고 공양을 올리거나, 상위를 청한 다음 차를 대접하고, 다음의 중위를 청해 차를 대접하고, 하위를 청한 뒤에야 상위 중위 하위에 공양을 권하는 형식으로 진행하거나 상위와 중위를 청한 뒤 상위 중위에 공양 올리고 하위를 청해 공양하는 식이다. 하지만 현실에는 모든 상위 중위 하위를 청해 바로 공양을 올리는 형식으로 진행된다.

이렇듯이 의례는 현실에 생물처럼 변해가는 것은 부인하기 힘들다. 그러다 보니 자연 현장의 의례를 외면할 수는 없다. 해서 그와 같은 고뇌가 의문의 편집에 그대로 적용되었다고 할 수 있다.

본서 또한 부족한 점도 있고, 보완해야 할 것도 많을 것이다. 부족한 것은 오로지 본인을 비롯한 역해자들의 책임이다. 부족한 것이나 의견이 다른 것들은 보완하거나 토론하며 좀 더 나은 예수재 해설서로 거듭날 수 있을 것이다. 제방 제현의 질정을 기다린다.

2023년 9월, 청련사 향실에서
[사]청련사예수시왕생칠재보존회 회장 **상진**

목 차

序言(서언) ·· 2

侍輦(시련) ·· 8

對靈(대령) ·· 15

灌浴(관욕) ·· 27

神衆作法(신중작법) ·· 44

三十九位(삼십구위) ··· 48

掛佛移運(괘불이운) ··· 54

六擧佛(육거불) ··· 61

造錢點眼(조전점안) ··· 63

金銀錢移運(금은전이운) ··································· 66

雲水上壇(운수상단) ··· 71

預修薦王通儀(예수천왕통의) ····························· 79

預修十王生七齋儀式(예수시왕생칠재의식) ·············· 84

召請使者・使者奉送(소청사자・사자봉송)…………… 95

召請聖位(소청성위)……………………………… 111

召請冥府(소청명부)……………………………… 132

祝願和請(축원화청)……………………………… 186

召請庫司判官(소청고사판관)…………………… 193

上壇勸供(상단권공)……………………………… 200

中壇勸供(중단권공)……………………………… 204

馬廏壇勸供(마구단권공)………………………… 223

觀音施食(관음시식)……………………………… 225

奠施食(전시식)…………………………………… 249

敬伸奉送(경신봉송)……………………………… 269

奉送廻向(봉송회향)……………………………… 275

跋語(발어)………………………………………… 285

侍輦
시 련

    시련(侍輦)은 존상이나 위패를 연(輦)에 안치해서 옮길 때 전후좌우에서 시위(侍衛)한다는 뜻이다. 그 모시는 대상은 불보살과 신중, 인로왕, 재를 열기 위해 사찰에 온 재자의 혼령과 시주의 상징물 등 다양하다. 시련의 양상은 대개 불당에서 불당 밖 도량으로, 혹은 산문 밖에서 도량 안으로 진행되며, 이때 연의 전후좌우에서 인도하거나 옹호하며 연을 시위하는 깃발의 위의(威儀)는 신중을 상징한다.

    시련은 일찍부터 있었다고 할 수 있다. 근대 이전 왕조 시대의 경우 재의 대상이 선왕 선후였으며, 그분들의 상징인 위패를 모셔올 때는 연을 사용하였다고 할 수 있다. 비교적 옛 기록은 『고려사』의 노국대장공주의 시련 모습이다.

    왕은 평소에 붓다의 가르침을 믿었는데, 이에 이르러 크게 불사(佛事)를 펼쳤다. 매 7일마다 여러 승려들에게 명하여 범패(梵唄)를 부르게 하여 혼여(魂輿)를 따라 빈전(殯殿)에서 사문(寺門)까지 가게 하니 깃발[幡幢]이 길을 덮으며 꽹과리와 북소리가 하늘 무서운 줄 모르고 울렸다. 때로 수놓은 비단으로 사원을 덮고 금은(金銀)과 채색비단을 좌우에 벌려놓으니 보는 이의 눈이 어지러웠다. 원근(遠近)의 여러 승려들이 그 말을 듣고서 모두 다투

어 모여들었다.[1]

혼여를 빈전에서 사문까지 이동하는 모습이라고 할 수 있다. 현재 시련은 사문(寺門)에서 시작되는데 그것은 아마도 사문까지는 관원들이나 왕실 등 재자 가에서 모셔왔다고 보인다. 선왕 선후의 혼령을 손으로 직접 들고 이동할 수 없는 것은 왕조 시대에는 상상할 수 없는 일이라고 할 수 있다. 혼령이 사문에 이르면 사찰 측에서 인도받아 모셨다고 할 수 있을 것 같다.

18세기 『범음산보집』의 일부 삼단 시련도에는 혼령을 인도하는 삼존을 연에 모시고 혼령들이 뒤따르는 형국이 보이는데, 맨 앞에는 아미타불을 연에 모시고 그 뒤에는 선왕 선후의 번이 따르고, 다음에는 인로왕을 연에 모시고 그 연 뒤에 삼대가친단이 따르며, 마지막으로 면연대사를 연에 모시고 그 뒤에 무주고혼번이 따르는 시련 의식을 볼 수 있다.[2]

이 시련 의식은 불과 100여 년 전의 고(古) 의문에만 해도 시주이운 절차로 나타나고 있으며, 비교적 고본으로는 1694년 금산사 제반문의 시주봉영의식이라고 할 수 있다. 시주를 연에 모시고 맞이한다는 뜻이지만 실제 연은 사람이 탈 수 있는 연이 아니라 위패나 사모관대 등을 실어 불전 앞으로 옮겨오는 것을 볼 수 있다.

연에 모시는 대상은 다 다를 수 있고, 대체로 혼령을 인도하는 아미타불, 인로왕보살, 면연(面然) 대사를 모시는 것을 볼 수 있으며,

---

1) 『高麗史』卷89, 「列傳」 第2 后妃, '공민왕 후비 휘의 노국대장공주'.
2) 김순미 역, 『국역 천지명양수륙재의범음산보집』(양사재, 2011), xi. 하단시련위의지도.

상시련이나 중시련은 불보살이나 신중들을 모셨다고 할 수 있다. 청련사예수시왕생칠재는 인로왕보살을 연에 모시고 혼령의 위패를 안내하는 형식으로 진행된다.

이 시련 절차는 사실상 혼령을 맞이하는 영혼식(迎魂式)을 위한 절차라고 할 수 있는데 현재는 시련터나 사문(寺門)에서의 대령소참이나 사문소참이 행해지는 경우는 드물고 보제루 앞이나 영단에 이르러 대령의식을 봉행하는데, 그 전에 혼령들의 업장을 정화하고 몸을 깨끗하게 하는 관욕의식을 봉행하고 대령을 모시게 된다.

시련의 의문과 그 뜻은 대략 다음과 같다.

侍輦儀文
시 련 의 문

擁護偈
옹 호 게

奉請十方諸賢聖 梵王帝釋及諸天
봉 청 시 방 제 현 성　범 왕 제 석 급 제 천

伽藍八部神祇衆 不捨慈悲臨法會
가 람 팔 부 신 기 중　불 사 자 비 임 법 회

시방의 제현성, 범왕, 제석, 여러 천신과
가람신과 팔부신기 등을 받들어 청하오니
자비를 버리지 마시고 강림하소서. [시련행렬을 옹호해 주십시오.]

시련은 연을 모신다는 뜻으로 영령을 모시는 연을 제 현성의 신중님들께 시위해 달라고 부탁하는 의식이다. 영가, 혼령, 영령이라는 표현이 사용되고 있는데, 영가는 가마 위의 영령이라는 뜻이고, 혼령은 고혼과 영령이라는 의미가 겹친 표현이다. 왜 영령이라고 하는가 하면 시련으로 모시는 영혼들이 선왕 선후와 같은 영령이기 때문이다. 2구의 '급제천'이 사천왕으로 등장하는 본도 있고, 2구의 '임법회'는 '원강림'으로 되어 있는 본도 있다.

獻座偈
헌 좌 게

我今敬設寶嚴座 奉獻一切聖賢前
아 금 경 설 보 엄 좌 　 봉 헌 일 체 성 현 전
願滅塵勞妄想心 速圓解脫菩提果
원 멸 진 노 망 상 심 　 속 원 해 탈 보 리 과

제가 이제 경건히 보배로 자리를 장엄하고
일체 성현님께 바치오니 번뇌와 망상심을 없애고서
속히 해탈 보리과를 원만하게 하소서.

옴 가마라 승하 사바하 [삼설]

茶偈
다 게

今將甘露茶 奉獻聖賢前
금 장 감 로 다 　 봉 헌 성 현 전
鑑察虔懇心 願垂哀納受
감 찰 건 간 심 　 원 수 애 납 수

제가 이제 감로다를 성현 전에 받들어 올리오니
재자의 간절한 마음을 살피시어 자비로써 어여삐 여겨 받으소서.

다게를 올리고 보공양진언, 보회향진언을 하기도 한다. 간단하게 차를 올리고 행하므로 보공양진언을 생략한다. 필사본『제반법요』에는 "이때 위의(대행자와 법사대중)은 간단히 요기를 할 수 있으며, 요기를 마친 다음 각 신중 위의는 (대령 시련을 위해) 도열한 다음 시주의 관과 의대 등을 연에 실은 다음 행보게를 운한다"라는 협주가 보인다.

行步偈
행 보 게
移行千里滿虛空 歸道情忘到淨邦
이 행 천 리 만 허 공 귀 도 정 망 도 정 방
三業投誠三寶禮 聖凡同會法王宮
삼 업 투 성 삼 보 례 성 범 동 회 법 왕 궁

허공 속 천리를 옮겨 갈 때
돌아가는 길에 정을 놓으면 극락세계에 이르리니
삼업으로 정성 다해 삼보님께 절하옵고
성인 범부 함께 법왕궁전에 만날 것입니다.

散花落 [삼설]
산 화 락
南無 大聖引路王菩薩 [삼설]
나 무 대 성 인 로 왕 보 살

난경요잡(亂經繞匝)을 하면서 정문에 이르러 음악을 그치고 영축게(영취게)를 하다. 여기서 난경은 여러 가지로 설명하는 것을 볼 수 있는데 주변의 복잡한 상황을 설명하는 것이 아닐까 한다. 지

금도 큰 재회의 시련터에는 많은 인파가 몰린다. 제사를 올리고 음악이 연주되고 연에 시주의 관대를 싣고 하는 장면은 복잡했을 것이다. 그런데 이 시련행렬은 불교 의례에 대중들이 동참할 수 있는 좋은 계기라고도 할 수 있다. 어떤 재회에는 시련의 가마에 광목을 길게 연결하여 전 대중을 그것을 잡고 함께 이동하는 모습을 보여주기도 하는데 장관이다.

靈鷲偈
영 축 게
靈鷲拈華示上機 肯同浮木接盲龜
영 축 염 화 시 상 기 긍 동 부 목 접 맹 귀
飲光不是微微笑 無限淸風付與誰
음 광 불 시 미 미 소 무 한 청 풍 부 여 수

영축산에서 꽃을 들어 상근기에게 보였으니
눈 먼 거북이 물에 뜬 나무를 만나는 것과 같네.
음광(가섭)이 바로 빙그레 웃지 않았더라면
무한한 맑은 가풍을 누구에게 전했으랴.

시련의 행렬은 서서히 이동하여 법당 마당 중앙에 이르러 음악을 그치고 법주는 요령을 세 번 내리고 맞이한 시주나 혼령이 삼보에 경례를 하게 한다. 이때 위패를 모시고 있는 대중은 위패로 법주스님의 의문에 따라 반절로 삼배를 올린다.

普禮三寶
보 례 삼 보

普禮十方常住佛
보 례 시 방 상 주 불

普禮十方常住法
보 례 시 방 상 주 법

普禮十方常住僧
보 례 시 방 상 주 승

보례삼배를 한 다음 예전에는 삼전축원을 하였다. 주상전하수만세, 왕비
전하제만년, 세자저하수천추와 여기에 더해서 국태민안법륜전을 축원하
고 모신 혼령은 대령단으로 옮기거나 관욕소로 모셔간다.

對靈
대 령

    대령(對靈)은 혼령을 대면한다는 뜻인데, 옛 의식에는 영혼식(迎魂式)이라고 하였고, 의식을 담당하는 소임을 대령이라고 하였다. 현재는 의례 명칭이 되었다. 혼령을 대면하여 이름을 부른 뒤 태어나고 죽고 하는 것이 본래부터 없다고 일러주어 '깨달음을 얻으면 실제 자리에 머무르게 된다'라는 한 소식을 들려 드리는 식으로 진행된다. 오늘날의 대령 의식은 극락도사 아미타불, 관음세지 양대보살, 접인망령 인로왕보살의 명호를 칭명하며 예를 갖추는 거불을 시작으로 혼령을 맞이하며 청하는 소문을 읽고 지옥을 깨부수는 파지옥게송과 진언, 요령으로 혼령을 부르고 청하는 유치와 부르는 말로 모셔서 차를 대접하는 것까지를 대령이라고 한다.

    대령에 대한 『작법귀감』의 설명을 들어보자.

    법회 대중들이 이미 모였으면, 해탈문(解脫門) 밖에다 영혼단(迎魂壇)을 시설하고 정 중앙에 인로왕번(引路王幡)을 안치하고 왼쪽 1치[寸] 아래에 종실번(宗室幡)을 안치하며, 오른쪽 2치 아래에는 고혼번(孤魂幡)을 안치한다. 전후(錢後, 錢後는 '掛錢後'라는 뜻으로 영자를 대신해 전처럼 인형으로 오린 것을 체전이라고 하는데 그것을 안치하고 난 뒤를 의미함)에 먼저 법당과 동선당(東禪堂)과 서승당(西僧堂)의

종각에 있는 쇠종을 각각 5망치를 친다. 그때 종두(鐘頭)는 큰 종을 7망치 혹은 18망치를 친다. 법회의 대중들은 곧 혼령을 맞이하는 곳으로 나아가 각각 제 자리로 나아간다. 종 7망치를 치고 고동을 3종(宗) 울리고 바라를 1지(旨) 울린다.[3]

대령에는 재대령과 사명일 대령이 있는데, 대령은 영혼단(迎魂壇)에서 시작하고 있다. 사명일(四名日)은 정조(正朝)·단오(端午)·백종(百種)·가오(加午, 한가위)[4]로 전통적인 명절인데 이때 국혼·승혼·고혼을 청해 시식을 베풀게 되는데 이때 행하는 대령을 사명일 대령이라 하고, 사십구재 등 재를 올리기 위해 맞이하는 대령을 재대령이라고 한다. 일반적으로 대령이라고 하면 재대령을 지칭한다. 의례의 시작은 거불이다.

거불은 불명을 칭명하며 예경 드리며 가피를 구하는 의식이라고 할 수 있다. 대령의 거불은 『작법귀감』에는 나무대성인로왕보살을 삼설하는 것으로 나타나나 『예수재의문』에서는 극락 삼성과 인로왕보살을 별칭하는 거불을 채택하고 있다.

---

3) 亘璇 撰, 『作法龜鑑』(KR3, 384).
4) 『요집』(KR4, 517쪽).

擧佛
거 불

南無 極樂導師阿彌陀佛
나 무 극 락 도 사 아 미 타 불

南無 左右補處兩大菩薩
나 무 좌 우 보 처 양 대 보 살

南無 接引亡靈引路王菩薩
나 무 접 인 망 령 인 로 왕 보 살

세 번 설하고, 세 번 절한다. 다음에는 소문(疏文)을 읽는다. 『작범귀감』에 의하면 이때 헌좌하고 차를 올리는 봉다를 한 경우가 있었는지 심히 불가하다고 지적하고 있는 것도 볼 수 있다.

對靈疏 皮封式
대 령 소 피 봉 식

[召請文疏拜獻 三代家親等衆]
소 청 문 소 배 헌 삼 대 가 친 등 중

釋迦如來 遺敎弟子 奉行加持 法事沙門 某 謹封
석 가 여 래 유 교 제 자 봉 행 가 지 법 사 사 문 모 근 봉

피봉식의 형식은 『결수문』과 합편된 소문에서 볼 수 있는데, 병법사문은 법사사문으로 주로 나타난다.

修設大會疏[5]
수 설 대 회 소

盖聞 生死路暗 憑 佛燭而可明 苦海波深
개 문 생 사 로 암 빙 불 촉 이 가 명 고 해 파 심

仗 法船而可渡 四生六道 迷眞則 似蟻巡還
장 법 선 이 가 도 사 생 육 도 미 진 즉 사 의 순 환

---

5) 수설대회소가 『예수시왕생칠재의찬요』에는 장소를 뜻하는 '소(所)'로 나오는 반면, 『범음산보집』『오종범음집』『작법귀감』『자기산보문』 등에서는 생각이나 뜻을 전달한다는 소통(疏通) 즉 '소(疏)'로 나온다. 여기서는 후자를 취한다.

八難三途 恣情則 如蠶處繭 傷嗟生死 從古至今
팔난삼도 자정즉 여잠처견 상차생사 종고지금

未悟心源 那能免矣 非憑佛力 難可超昇 娑婆世界
미오심원 나능면의 비빙불력 난가초승 사바세계

[云云] 今則 天風肅靜 白日明明 (夜漏沈沈) 專列香花
운운 금즉 천풍숙정 백일명명 야루침침 전열향화

以伸迎請 南無一心奉請 大聖引路王菩薩 摩訶薩
이신영청 나무일심봉청 대성인로왕보살 마하살

右伏以 一靈不昧 八識分明 歸届道場 領霑功德
우복이 일령불매 팔식분명 귀계도량 영첨공덕

陳寃宿債 應念頓消 正覺菩提 隨心便證 謹疏
진원숙채 응념돈소 정각보리 수심변증 근소

年　月　日　秉法沙門 ○○ 謹疏
년　월　일　병법사문　　　근소

대략 들었습니다. '생사의 어두운 길은 붓다의 지혜 등불을 의지해야 밝힐 수 있고, 파랑이 깊은 바다는 법[진리]의 배를 타야만 건널 수 있으며; 진리를 깨닫지 못하고 [태란습화, 지옥·아귀·축생·수라·인간·천상의] 사생 육도에서 헤매고 있는 중생의 삶은, 갈 곳 몰라 이곳저곳 헤매는 개미와 같고, 삼도팔난에서 마음을 제멋대로 쓰는 것은, 마치 고치 속에 스스로 갇혀 속박되는 누에와 같다.'고 들었습니다. 아, 마음이 아픕니다. 예로부터 오늘에 이르기까지 거듭되는 생사는, 그칠 줄 모르니 마음의 근원을 깨닫지 못하고 어떻게 면할 수 있겠으며, 붓다의 힘에 의지하지 않고서는 고해를 벗어날 수 없을 것입니다.

오늘 사바세계 [운운] 하늘에는 바람이 고요하고 밝은 해는 더욱 밝은데 (그윽한 이 밤에) 향불과 꽃 차려놓고 청하옵니다. 일심으로 대성인로왕보살마하살님을 귀명의 절을 올리며 청하나이다.

재자들은 청한 혼령들이 다 부디 한 생각 어둡지 말고 마음의 근원 명백히 하여 이 도량에 돌아와서 재 공양의 공덕을 흠뻑 받으시고 오랜 억울함이나 묵은 빚은 단박에 소멸되어 정각의 깨달음을 마음에서 바로 깨치시기를 엎드려 바라옵니다. 삼가 글월을 올립니다.

　　　　년 월 일 병법사문 삼가 글월 올립니다.

대령소에 삼대가친등중 배헌하는 것으로 볼 때 대령의 대상은 재자의 삼대가친이다. 대령소와 고혼소가 다른 것임을 분명히 밝혀주고 있다. 오늘날 소문의 끝에 소의 주인을 밝히는 날인에 병법사문 근소로 나타나고 있으나 결수문의 부록에 의하면 '모년 모월 모일 소'라고 한 다음에 이어 '병법사문 모 압(押)'이라고 하고 있는데, 이것은 아뢰는 자와 병법사문이 그것을 증명하고 있는 것이라고 할 수 있다. 이하 모든 소문은 다르지 않다.

地獄偈
지 옥 게

鐵圍山間沃焦山 鑊湯爐炭劍樹刀
철 위 산 간 옥 초 산   확 탕 뢰 탄 검 수 도
八萬四千地獄門 仗秘呪力今日開
팔 만 사 천 지 옥 문   장 비 주 력 금 일 개

철위산 사이 옥초산과
끓는 물 지옥 · 불화로지옥 · 칼끝지옥 · 칼산지옥 등의
팔만사천 갖가지 지옥문들이
신비스러운 주력에 의지하여 열리도다.

지옥게와 함께 파지옥진언, 멸악취진언, 소아귀진언 이후에 창혼이 시설된다. 『거찰사명일영혼식』 등에 의하면 도덕을 잘 지킨 사람은 삼악도를 면하므로 지옥게 등을 생략하는 것이 가하다고 하는 지문이 등장하고 있다.[6]

---

6) "有道德可免三途者則此文省略也." 『진관사국행수륙대재』, p.45.

청련사『예수재의문』은 지옥게만 시설하고 곧바로 청혼으로 나아가고 있다. 일반적으로 혼령을 부르는 행위를 창혼이라고 하고 혼령으로 하여금 시식도량에 청하는 것을 청혼이라고 구분하기도 한다.

請魂
청혼

據娑婆世界 此四天下 南贍部洲 海東 大韓民國
거 사 바 세 계　차 사 천 하　남 섬 부 주　해 동　대 한 민 국

[云云]
운운

사바세계 사천하의 남섬부주 해동 대한민국 [云云]
　　　　　　　　　　　　　　　　　　　　운운

着語
착어

生本無生 滅本無滅 生滅本虛 實相常住 (某靈駕)
생 본 무 생　멸 본 무 멸　생 멸 본 허　실 상 상 주　모 영 가

還會得 無生滅底 一句廢 [良久]
환 회 득　무 생 멸 저　일 구 마　양 구

난다지만 본래 태어남 없었고 죽는 거란 본래 있지 않았네. 나고 죽음 본래부터 헛된 것이라, 실상만이 영원토록 항상 하느니, 모 영가시여~ 생멸 없는 이 한 구절을 아시겠습니까? [묵묵히 있다가]

俯仰隱玄玄 視聽明歷歷 若也會得 頓證法身
부 앙 은 현 현　시 청 명 역 력　약 야 회 득　돈 증 법 신

永滅飢虛 其或未然 承佛神力 仗法加持 赴此香壇
영 멸 기 허　기 혹 미 연　승 불 신 력　장 법 가 지　부 차 향 단

受我妙供 證悟無生
수 아 묘 공　증 오 무 생

굽어보나 우러르나 숨은 뜻은 끝이 없는데 보거나 듣거나 그 진리
는 분명하구나. 이 도리를 깨닫는다면 단박에 법신을 증득하여서 길
이길이 굶주림을 벗을 것이나 만일에 그렇지 못하다면 붓다의 신비
한 힘 받아들이고 붓다의 법 가피력에 의지하여서 이 향단에 강림하
사 공양을 받으시고 무생법인 큰 깨달음 증득하소서.

振鈴偈
진 령 게

以此振鈴伸召請 今日靈駕普聞知
이 차 진 령 신 소 청　금 일 영 가 보 문 지

願承三寶力加持 今日(夜)今時來赴會
원 승 삼 보 력 가 지　금 일　(아)　금 시 내 부 회

요령 울려 두루 청하니, 오늘 부른 영가들은 듣고 아시고
삼보님의 가지 힘에 의지하여서 오늘 낮[밤의] 법회에 어서 오소서.

普召請眞言
보 소 청 진 언

나무 보보제리 가리다리 다타 아다야 [삼설]

孤魂請
고 혼 청

一 心 奉 請 實 相 離 名　法 身 無 跡　從 緣 隱 現
일 심 봉 청 실 상 이 명　법 신 무 적　종 연 은 현

若鏡像之有無 隨業昇沈 如井輪之高下 妙變莫測
약 경 상 지 유 무 수 업 승 침 여 정 륜 지 고 하 묘 변 막 측

喚來何難 今此至誠 薦靈齋者 (某處) 居住 (某人)
환 래 하 난 금 차 지 성 천 령 재 자　모 처　거 주　모 인

伏爲 (某靈駕) 唯願 承佛神力 仗 法加持 來詣香壇
복위 모영가 유원 승불신력 장 법가지 내예향단
受霑法供
수 첨 법 공

일심으로 청합니다. 실상은 이름을 떠나 있고 법신은 종적이 없습니다.
인연 따라 숨거나 드러나는 것은 거울 속의 그림자 있고 없는 것과 같으
며 업을 따라 오르고 내리는 것은 우물의 두레박이 오르고 내리는 것과
같습니다. 오묘한 변화는 측량할 수 없고 부르면(환으로) 오시는 것이 어
찌 어렵겠습니까. 오늘 지극정성의 천령 재자 모처 거주 모인 복위 소천
망 모영가시여. 붓다의 위신력을 입고, 법의 가지에 의지해서 향단에 이
르러 진리의 공양을 받으소서.

香煙請 [삼설]
향 연 청

歌詠
가 영
諸靈限盡致身亡 石火光陰夢一場
제 령 한 진 치 신 망   석 화 광 음 몽 일 장
三魂杳杳歸何處 七魄茫茫去遠鄉
삼 혼 묘 묘 귀 하 처   칠 백 망 망 거 원 향

망령은 목숨이 다해 죽음에 이르렀으니 돌불처럼 사라지는 한 바탕 꿈
삼혼은 아득하니 어디로 가셨고 칠백은 망망하니 고향 가셨습니까.

　　제령은 여러 영령을 표시하는 것인데 관음시식 같은 의식에서는
적합할 수 있지만 당해 영령을 청할 때는 망령이라고 하는 것이 적

합하다. 망령은『자기문』의 표현으로 적합하다고 할 수 있다.

　대중들은 차를 올리고, 세 번 절을 한다. 현재는 청하는 대상이 열 혼령이라고 하여 '제령'이라고 하지만 이 의문의 초본이라고 할 수 있는 중례문의 하위청에는 당해 혼령이라는 의미에서 '망령'으로 나오는데, 의미가 있다고 보인다.

(某靈駕) 旣受虔請 已降香壇 放捨諸緣 俯歆斯奠
모영가　　기 수 건 청　이 강 향 단　방 사 제 연　부 흠 사 전
(某靈駕) 一炷淸香 正是靈駕 本來面目 數點明燈
모영가　　일 주 청 향　정 시 영 가　본 래 면 목　수 점 명 등
正是靈駕 着眼時節 先獻趙州茶 後進香積饌
정 시 영 가　착 안 시 절　선 헌 조 주 다　후 진 향 적 찬
於此物物 還着眼麽 [良久]
어 차 물 물　환 착 안 마　양구

모 영가시여, 이미 초청을 받으시고 향단에 오셨으니 이제 여러 인연 다 놓으시고 진수를 흠향하십시오. 모 영가여, 한 줄기 맑은 향불은 바로 영가의 본래 면목이고 수 점의 밝은 등도 영가의 눈 돌린 시절입니다. 먼저 조주 스님 나눴던 차를 올리고, 뒤에 향적세계 제수를 올립니다. 이 제수는 하나하나가 보이십니까?

　법사 스님, 요령 세 번 내리고 조금 있다가 합장하며 다음 구절을 낭송한다.

低頭仰面 無藏處 雲在青天 水在瓶
저 두 앙 면 무 장 처 운 재 청 천 수 재 병

머리를 숙이고 얼굴을 들어도 숨길 곳은 없고
구름은 푸른 하늘에 있고 맑은 물은 병 속에 있구나.

관욕으로 이어질 때는 다음 구절을 생략하는 것도 적의하다.

(某靈駕) 旣受香供 已聽法音 合掌專心 參禮金仙
모영가   기 수 향 공 이 청 법 음 합 장 전 심 참 례 금 선

모영가시여, 이미 향공을 받으시고 법음도 들으셨으니
두 손 모으고 마음을 오롯이 하여 금선(붓다)께 예경하소서.

관욕을 하지 않을 경우는 이곳까지 하는 것이 적의하고 관욕을 할 경우는 이 구절은 관욕 이후에 해야 적의하다고 할 수 있다. 대령 이후에 관욕소로 향하는 모습을『작법귀감』은 이렇게 설명한다.

판수(判首)는 앞에서 인도하고, 그 다음에는 취수(吹手: 나팔수)와 여러 가지 위의(威儀), 그 다음에는 기사(記事)가 인로왕번을 들고, 주지는 종실(宗室)의 번기를 받들며, 당좌(堂佐)는 고혼(孤魂)의 번기를 받들고 대중들은 각각 체전(體錢)을 들고 차례차례 선 다음에 법주가 법당[상당]을 향해 서서 고하며 정로진언을 마치고 출발한다.[7]

---

7) 亘璇 撰,『作法龜鑑』(KR3, 386).

영혼단이 해탈문 밖에 있고 관욕소가 떨어진 곳에 있을 때는 적당하지만 가까운 곳이거나 바로 옆에 있으면 이렇게 행진할 수가 없을 것이다. 특히 법당 안에서 모든 것을 행할 때는 더욱 그렇다고 할 수 있다. 대령을 한 영혼단과 관욕소가 어느 정도 거리가 있을 때는 천수(千手) 및 심경(心經)을 염송한다.

영혼단에서 관욕단으로 시련할 때의 전통 행렬순서는 다음을 참고할 수 있다.

1) 취타
2) 삼현육각
3) 인례법사(회수)
4) 등롱(燈籠)
5) 사기
6) 인로왕번
7) 연(대표위패)
8) 일산
9) 여타 혼령 위패
10) 설판재주
11) 착복승
12) 법주
13) 어산
14) 태징

사찰 일주문에 이른 영령을 사찰 측에서 인도를 받아 시련하여 불

전으로 들어오는 의식인데 판본마다 차이가 있을 수 있다. 〈시련위의도〉는 선왕 선후와 같은 영령(선가라고도 함)을 모셔오는 의식이었지만 현재는 그렇지 못하다. 그러다 보니 시련을 위한 법구가 제대로 갖춰진 경우가 거의 없다고 할 수 있다. 〈시련위의도〉는 일종의 반차도와 같다고 할 수 있으므로 상황을 참조하면 좋을 것 같다.

灌浴
관 욕

　관욕(灌浴)은 감로수로 목욕시켜주는 의식으로, 불보살, 신중, 혼령 등에게 관욕을 제공한다. 관욕을 하는 이유는 몸을 깨끗이 하기 위해서이나, 하단의 혼령들에게 제공하는 관욕은 단순히 몸을 깨끗하게 하는데 머무르지 않고, 혼령들이 지은 잘못된 행위를 없애주는데 초점이 있다. 목욕실은 제왕과 높은 벼슬아치, 일반 고혼의 세 부류에 남녀를 나눠 여섯 구역을 나눠 설치되기도 한다. 의식은 혼령을 욕탕으로 안내하는 의식, 진언의 힘을 쬐어 목욕하는 의식, 혼령들에게 새 옷을 만들어 입히는 의식, 욕실을 나와 성현들에게 인사하는 의식 등이 치러진다. 목욕하는 방법은 좌우 등불의 불빛이 위패를 비춰 그 그림자가 중앙의 향탕수에 비춰 목욕하게 하는 식이다. 또 목욕을 마친 혼령들을 위해 종이옷을 만들어 불태워 혼령의 해탈옷으로 만들어주는 옷으로 변화시키는 의식이 더해진다. 이때 진언과 문장은 범패로 읽고 바라춤 등이 그것을 표현한다.

引詣香浴
인 예 향 욕

　혼령을 인도하여 향욕소에 이르면 위패를 욕실에 넣을 준비를 하게 된다. 나무대성인로왕보살의 '인성이' 소리를 하며 욕실에 도착하면 다음과 같이 혼령들을 불러 욕실에 들 것을 청한다.

上來已憑 佛力法力 三寶威神之力 召請人道
상 래 이 빙　불 력 법 력　삼 보 위 신 지 력　소 청 인 도

一切人倫 及 無主孤魂 有情等衆 已屆道場
일 체 인 륜　급　무 주 고 혼　유 정 등 중　이 계 도 량

大衆聲鈸 請迎赴浴
대 중 성 발　청 영 부 욕

이제까지 불법의 엄정한 힘과 삼보님의 위신력에 의지하여서 인간계에 머무는 모든 사람과 영가들과 외로운 혼 모두 부르니, 영가 지금 이 도량에 다다르셨네. 대중의 바라 소리에 승묘한 욕실로 들어가십시오.

대중이 신묘장구다라니를 염송하며 관욕소로 향한다.

神妙章句大陀羅尼 [云云]
신 묘 장 구 대 다 라 니　운 운

淨路眞言
정 로 진 언

옴 소싯지 나자리다라 나자리다라 모라다에 자라자라

만다만다 하나하나 훔 바탁 [삼설]

入室偈
입 실 게

一從違背本心王 幾入三途歷四生
일 종 위 배 본 심 왕　기 입 삼 도 력 사 생

今日滌除煩惱染 隨緣依舊自還鄉
금 일 척 제 번 뇌 염　수 연 의 구 자 환 향

단 한 번의 본래 마음 등진 때부터 삼도사생 그 얼마나 윤회했던가.
오늘에야 물든 번뇌 씻어 없애니 인연 따라 본향으로 돌아가소서.

加持澡浴
가 지 조 욕

詳夫 淨三業者 無越乎澄心 潔萬物者 莫過於
상부 정삼업자 무월호징심 결만물자 막과어

清水 是以 謹嚴浴室 特備香湯 希一濯於塵勞
청수 시이 근엄욕실 특비향탕 희일락어진로

獲萬劫之清淨 下有沐浴之偈 大衆隨言後和
획 만 겁 지 청 정 하 유 목 욕 지 게 대 중 수 언 후 화

자세히 헤아려보니, 삼업을 맑히는 데는 깨끗한 마음보다 나은 것이 없고, 만물을 깨끗하게 하는 데는 맑은 물보다 나은 것이 없습니다. 이 까닭에 삼가 욕실을 장엄하게 꾸미고 특별히 향탕수를 마련하여 진로(번뇌)를 씻어 만겁의 청정을 얻으시기를 바랍니다. 아래에 목욕계송이 있으니 대중들은 말을 따라 화음으로 염송하십시오.

灌浴偈
관 욕 게

我今以此香湯水 灌浴孤魂及有情
아 금 이 차 향 탕 수 관 욕 고 혼 급 유 정

身心洗滌令清淨 證入眞空常樂鄕
신 심 세 척 령 청 정 증 입 진 공 상 락 향

제가 지금 이 향기로운 목욕물로 고혼에서 유정까지 목욕시키옵니다. 몸과 마음 깨끗하게 닦아 청정하게 하사 진공의 항상 즐거운 세상에 드십시오.

판본들은 한결같이 고혼에서 유정까지라고 하고 있다. 이는 일반 시식의 내용을 따른 것이다. 대령의 소문에서 볼 수 있듯이 고혼보다 당령과 친척 혼령인 제령이 관욕의 대상으로 적합하다고 할 수 있다.

沐浴眞言
목 욕 진 언

[인법: 두 손 무명지와 소지는 안으로 서로 깍지 끼워 손바닥 속에 넣되 오른손이 왼손을 누른다. 중지를 세워 끝을 서로 떠받든다. 두 손의 두지는 중지 위를 비틀어 붙잡고 두 손의 대지는 중지의 가운데 마디를 누른다.]

옴 바다모 사니사 아모까 아레 훔[삼설]

嚼楊枝眞言
작 양 지 진 언

[인법: 왼손 대무지(엄지)로 무명지의 아랫마디를 잡고 금강권(金剛拳)을 짓는다.]

옴 바아라하 사바하[삼설]

漱口眞言
수 구 진 언

[인법: 왼손으로 금강권을 맺고 왼손의 중지(원바라밀)와 무명지(방편바라밀)와 소지(지혜바라밀)의 세 손가락을 편다.]

옴 도도리 구로구로 사바하[삼설]

洗手面眞言
세 수 면 진 언

[인법: 작양지진언의 인법과 동일하다.]

옴 삼만다 바리 숫제 훔[삼설]

加持化衣
가 지 화 의

諸佛子 灌浴旣周 身心俱淨 今以如來 無上秘
제 불 자 관 욕 기 주 신 심 구 정 금 이 여 래 무 상 비

密之言 加持冥衣 願此一衣 爲多衣 以多衣 爲無
밀 지 언 가 지 명 의 원 차 일 의 위 다 의 이 다 의 위 무

盡之衣 令稱身形 不長不短 不窄不寬 勝前所
진 지 의 영 칭 신 형 부 장 부 단 불 착 불 관 승 전 소

服之衣 變成解脫之服 故吾佛如來 有化衣
복 지 의 변 성 해 탈 지 복 고 오 불 여 래 유 화 의

財陀羅尼 謹當宣念
재 다 라 니 근 당 선 념

여러 불자시여, 목욕을 이미 마쳤으니 몸과 마음이 다 깨끗해졌습니다.
이제 여래의 위없는 비밀의 말씀인 다라니로써 저승 옷을 가지합니다.
이 한 벌의 옷이 수많은 옷이 되고, 이 수많은 옷이 다함없는 옷이 됩니
다. 몸에 맞아 길지도 짧지도 좁지도 넓지도 않게 하여 이제까지의 옷보
다 뛰어나며, 해탈의 옷으로 변해지기를 바라옵니다.
그런 까닭에 우리 붓다 여래의 화의재다라니를 삼가 염송하소서.

化衣財眞言
화 의 재 진 언

[인법: 이 주(呪)에는 인법(印法)이 없으니, 금강저(金剛杵)가 있으
면 그것으로 그 의미를 돕고, 금강저가 없으면 연화합장(蓮花合掌)
을 지어도 된다.]

나무 사만다 못다남 옴 바자나 비로기제
사바하 [삼설]

諸佛子 持呪旣周 化衣已遍 無衣者 與衣覆軆
제 불 자 지 주 기 주 화 의 이 변 무 의 자 여 의 부 체
有衣者 弃故換新 將詣淨壇 先整服飾
유 의 자 기 고 환 신 장 예 정 단 선 정 복 식

여러 불자시여, 다라니를 지녀 이미 두루 옷을 변화하였고, 이미 두루 하였습니다. 옷이 없는 분께서는 옷을 드리니 몸을 덮으시고 옷이 있으신 분께서는 헌 옷을 버리고 새 옷으로 갈아입으십시오. 이제 정단에 이르셔야 하오니 먼저 옷을 단정히 하십시오.

授衣眞言
수 의 진 언

[인법: 오른손은 주먹을 쥐고 왼손으로는 물을 취해, 줄 옷에 그것을 뿌린다.]

옴 바리마라 바바아리니 흠[삼설]

着衣眞言
착 의 진 언

[인법: 두 손의 대무지로 두지와 중지와 무명지와 소지의 위를 각각 누른다.]

옴 바아라 바사세 사바하 [삼설]

整衣眞言
정 의 진 언

[인법: 두 손의 대무지로 두지와 중지와 무명지와 소지의 위를 각각 누른다. (위의 착의진언과 수인은 同一하다.)]

옴 삼만다 사다라나 바다메 흠 박[삼설]

목욕의식과 화의재의식은 중국불교의 그것과 차이가 있다. 중국
불교의 목욕이나 화의재의식은 목욕진언과 화의재진언(중국의 지반문
에는 치의진언으로 나옴)만이 있으나 한국불교의 목욕의식과 화의재의
식에는 그 의식의 구체적인 양상이라고 할 수 있는 세수면진언, 작
양지진언, 수구진언과 수의진언, 착의진언, 정의진언으로 각 행위의
하위적인 행위를 진언과 함께 시설하고 있는 것이 다르다. 목욕을
마치고 새 옷으로 갈아입은 혼령은 이제 욕실을 나와 성현들을 뵙게
된다.

出浴參聖
출 욕 참 성

諸佛子 旣周服飾 可詣壇場 禮 三寶之慈尊 聽
제 불 자 기 주 복 식 가 예 단 장 예 삼 보 지 자 존 청
一乘之妙法 請離香浴 當赴淨壇 合掌專心 徐步
일 승 지 묘 법 청 리 향 욕 당 부 정 단 합 장 전 심 서 보
前進
전 진

여러 불자여, 이미 복식을 두루 입었으니, 정단(淨壇)에 이르러 삼보자존
께 인사드려야 합니다. 일승의 묘법을 들으시고 향탕을 나오시어 정단에
나아가야 하오니, 두 손을 모으고 마음을 온전히 하여 서서히 앞으로 나
아가십시오.

指壇眞言
지 단 진 언

옴 예이혜 비로자나야 사바하 [삼설]

正坐頌
정 좌 송

法身遍滿百億界 普放金色照人天
법 신 변 만 백 억 계 보 방 금 색 조 인 천

應物現形潭底月 體圓正坐寶蓮臺
응 물 현 형 담 저 월 체 원 정 좌 보 련 대

법신은 백억세계 두루 차서
금빛 놓아 인간 천상 비춰 주고
연못 속의 달빛같이 (근기 따라) 나타내시며
그 몸은 연화대에 바로 앉아 계시네.

散花落 [삼설]
산 화 락

南無大聖引路王菩薩 [삼설]
나 무 대 성 인 로 왕 보 살

관욕소에서 단을 향해 나아가는데 이때 해탈주를 하며 사문(寺門)
에 이른다. 정문에 이르러 개문을 하고 마당 중앙에 이르면 정중게
를 하는데, 현재 법당에서 주로 하게 되어 정중게와 개문게의 순서
로 봉행하는 경우가 많다.

庭中偈
정 중 게

一步曾不動 來向水雲間
일 보 증 부 동 내 향 수 운 간

旣到阿練若 入室禮金仙
기 도 아 란 야 입 실 예 금 선

한걸음 움직이지 아니하여도 맑은 물과 구름 헤치고
이제 붓다의 도량에 오시었으니 붓다 전에 들어가 예배하소서.

開門偈
개 문 게

捲箔逢彌勒 開門見釋迦
권 박 봉 미 륵 개 문 현 석 가

三三禮無上 遊戲法王家
삼 삼 례 무 상 유 희 법 왕 가

발을 걷으면 미륵붓다 만나게 되고 문을 열면 석가불을 친견하리니
삼업을 청정히 하여 위없는 삼보께 예경하고 법왕의 집에서 유희하소서.

19세기 초반 이전 의문에는 개문게, 정중게의 순서로 제시된 본
이 많고 19세기 후반에 출현하는 필사본에는 정중게, 개문게 순서로
제시된 본이 많은데 이것은 아마도 의례 설행 상황과 관련이 있다고
보인다. 개문게 정중게의 순서를 제시하는 『작법귀감』에서 백파 긍
선 스님은 정중게를 예불게라고 해야 한다고 주장하고 있는데, 의미
있는 지적으로 보인다.

加持禮聖
가 지 예 성

上來爲 冥道有情 引入淨壇已竟 今當禮奉三寶
상 래 위 명 도 유 정 인 입 정 단 이 경 금 당 예 봉 삼 보

夫三寶者 三身正覺 五教靈文 三賢十聖之尊 四果
부 삼 보 자 삼 신 정 각 오 교 영 문 삼 현 십 성 지 존 사 과

二乘之衆 汝等 旣來法會 得赴香筵 想 三寶之難逢
이 승 지 중 여 등 기 래 법 회 득 부 향 연 상 삼 보 지 난 봉

傾一心而信禮 下有普禮之偈 大衆隨言後和
경 일 심 이 신 례 하 유 보 례 지 게 대 중 수 언 후 화

위에서 명도 유정들이여, 붓다의 비밀하신 법력에 힘입어 정단에 들어오셨으니 이제 다시 정신을 차려 삼보님께 예배를 드리셔야 됩니다. 삼보라 함은 법신보신화신 등 붓다와 오교의 신령한 경문과 성문연각보살 등 승단을 이르는 말입니다. 그대들은 이미 법회에 오시고 향연에 임했으니 삼보님 만나기가 어렵다고 생각하시고 일심으로 예경해야 합니다. 아래 보례게송을 대중은 이어 따라 제창하십시오.

普禮三寶
보 례 삼 보
普禮十方常住 法身報身化身諸佛陀
보 례 시 방 상 주 법 신 보 신 화 신 제 불 타
普禮十方常住 經藏律藏論藏諸達摩
보 례 시 방 상 주 경 장 율 장 논 장 제 달 마
普禮十方常住 菩薩緣覺聲聞諸僧伽
보 례 시 방 상 주 보 살 연 각 성 문 제 승 가

널리 시방에 항상 계신 법신 보신 화신의 모든 붓다께 예배합니다.
널리 시방에 항상 계신 경장 율장 논장의 모든 가르침에 예배합니다.
널리 시방에 항상 계신 보살 연각 성문의 모든 승가에 예배합니다.

『작법귀감』에서는 혼령들로 하여금 중위에도 인사를 시키고 있는데, 예수재에서는 하위의 고사단들은 상위와 중위에 예를 올린 다음 자리에 앉아 공양을 받는다. 예경을 올렸으니 제수를 받고 깨달음을 얻으라고 일러준다.

諸佛子 幸逢聖會 已禮慈尊 宜生罕遇之心 可發
제불자 행봉성회 이례자존 의생한우지심 가발

難遭之想 請離壇所 當赴冥筵 同享珍羞 各求
난조지상 청리단소 당부명연 동향진수 각구

妙道
묘도

여러 불자시여, 다행히 성현을 뵙고 이미 자존께 예를 올렸습니다. 이 일
은 드문 일이라는 마음을 내시고 만나기 어려운 일이라는 생각을 내셔야
합니다. 이곳을 떠나시어 마련된 자리로 옮기십시오. 진수를 흠향하시고
깨달음의 길을 구하십시오.

다음의 법성게를 염송하며 요잡을 하고 청법단에 이른다.[8] 혼령
을 재장에 초청하는 것은 제사를 올리려는 것도 있지만 법문을 들려
주어 깨달음의 길로 인도하기 위해서이다. 이 대령이나 관욕 의식은
근본적으로 영산작법과 같은 법석 의식에 청자를 청하는 의식이라
고 할 수 있다.

法性偈
법성게

法性圓融無二相 諸法不動本來寂
법성원융무이상 제법부동본래적

법의 성품 원융하여 두 모습이 원래 없고
모든 법은 부동하여 본래부터 고요하며

---

8) 영단에 바로 안치하는 것이 아니고 법사 앞 청법단에 일단 모시고 영산작법을 들려준다.

無名無相絶一切 證智所知非餘境
무 명 무 상 절 일 체   증 지 소 지 비 여 경

이름 없고 모습 없어 모든 것이 끊어졌고
증지와 소지 깨달음은 다른 경계 아니로다.

眞性甚深極微妙 不守自性隨緣成
진 성 심 심 극 미 묘   불 수 자 성 수 연 성

참된 성품 깊고 깊어 미묘하고 지극하여
자기성품 고수 않고 연을 따라 이루었네.

一中一切多中一 一卽一切多卽一
일 중 일 체 다 중 일   일 즉 일 체 다 즉 일

하나 속에 일체 있고 일체 속에 하나 있어
하나가 곧 일체이고 일체가 곧 하나여서

一微塵中含十方 一切塵中亦如是
일 미 진 중 함 시 방   일 체 진 중 역 여 시

작은 티끌 하나 속에 시방세계 머금었고
일체 모든 티끌 속에 하나하나 그러하네.

無量遠劫卽一念 一念卽是無量劫
무 량 원 겁 즉 일 념   일 념 즉 시 무 량 겁

한량없는 오랜 시간 한 생각과 다름없고
(찰나 순간) 한 생각이 한량없는 시간이니

九世十世互相卽 仍不雜亂隔別成
구 세 십 세 호 상 즉 잉 불 잡 난 격 별 성

구세 십세 서로 겹쳐 어우러져 돌아가도
혼란하지 아니하고 따로따로 이뤄졌네.

初發心時便正覺 生死涅槃常共和
초 발 심 시 변 정 각 생 사 열 반 상 공 화

초발심 순간에 바른 깨침 바로 얻고
생과 죽음 열반세계 항상 서로 함께하니

理事冥然無分別 十佛普賢大人境
이 사 명 연 무 분 별 십 불 보 현 대 인 경

이치와 현상 그윽하여 분별할 수 없음이나
열 붓다 보현보살 대 성인의 경계일세.

能入 ⁹⁾海印三昧中 繁出如意不思議
능 입 해 인 삼 매 중 번 출 여 의 부 사 의

붓다의 해인삼매 자재하게 들어가서
불가사의 여의주를 마음대로 드러내니

---

9) 「화엄일승법계도」(『한국불교전서』 2책 1)에 의거 수정한다. 다음 구 繁出과 能入은 대구
여야 그 의미가 드러나기 때문이다.

雨寶益生滿虛空 衆生隨器得利益
우 보 익 생 만 허 공 중 생 수 기 득 이 익

중생 위한 보배비가 온 허공에 가득하여
중생들은 그릇대로 모두이익 얻게 되네.

是故行者還本際 叵息妄想必不得
시 고 행 자 환 본 제 파 식 망 상 필 부 득

그러므로 수행자가 본래자리 돌아갈 제
망상심을 쉬잖으면 그 자리에 못 가리니

無緣善巧捉如意 歸家隨分得資糧
무 연 선 교 착 여 의 귀 가 수 분 득 자 량

분별없는 좋은 방편 마음대로 구사하고
본래 집에 돌아갈 제 분수 따라 자량 얻네.

以陀羅尼無盡寶 莊嚴法界實寶殿
이 다 라 니 무 진 보 장 엄 법 계 실 보 전

신령스런 다라니의 한량없는 보배로써
온 법계를 장엄하여 보배궁전 이루어져

窮坐實際中道床 舊來不動名爲佛
궁 좌 실 제 중 도 상 구 래 부 동 명 위 불

진여실상 중도자리 오롯하게 앉았으니
옛적부터 변함없는 붓다라고 부른다네.

혼령(위패)을 대령해서 관욕하고 안좌를 위해 이동하고 있다는 것을 알 수 있다. 괘전게가 등장한다. 이 괘전게에 대한 의견이 분분하다. 첫째 괘전게의 전은 전시식에서 보이는 혼령을 상징하여 종이로 만든 체전이라고 하는 예와 이때의 전은 금전산 은전산이라는 설명이 그것이다. 그래서 재장에 이른 위패를 받아 좌석에 안치하기 전에 금은전산을 올려 혼령들이 이제 저승길로 편하게 갈 수 있도록 하는 것이다. 상단 좌우의 금은 전산(錢山)은 이때 올리는 것이 적합하다고 생각된다. 대개의 재장에서 금은 전산은 사전에 설치하고 있다.

괘전게에 대한 해석은 위패가 안좌할 무렵 좌우의 금산과 은산을 올린다는 설과 혼령을 상징하는 체전을 건다는 설이 있다. 그런데 두 경우를 같이 하는 경우를 보기는 힘들다. 위패를 모셔오거나 체전을 가지고 들어와야 하고 금은전산을 사전에 올리지 않고 이때 올리거나 해야 해서 실행의 한계가 있다고 할 수 있다.

掛錢偈
괘 전 게
諸佛大圓鏡 畢竟無內外
제 불 대 원 경　필 경 무 내 외
爺孃今日會 眉目正相撕
야 양 금 일 회　미 목 정 상 시

제불의 대원경지에는 필경 내외가 따로 없는데
부모님 오늘 이 자리를 만났으니 미간에 함박웃음 일어나네.

諸佛子 上來承佛攝受 仗法加持 旣無囚繫以臨筵
제 불 자 상 래 승 불 섭 수 장 법 가 지 기 무 수 계 이 임 연
願獲逍遙而就座 下有安座之偈 大衆隨言後和
원 획 소 요 이 취 좌 하 유 안 좌 지 게 대 중 수 언 후 화

불자들이시여, 위에서 붓다의 법력을 빌어 법열을 얻으셨으니 이제 다시
자리를 잡으시고 편안히 앉으실 차례입니다. 대중이 다 함께 자리를 권
하오니 기쁜 마음으로 좌정하십시오. 아래 안좌게송과 진언을 대중은 따
라 제창하십시오.

我今依敎設華筵 茶果珍羞列座前
아 금 의 교 설 화 연 다 과 진 수 열 좌 전
大小宜依次第坐 專心諦聽演金言
대 소 의 의 차 례 좌 전 심 제 청 연 금 언

제가 이제 교범에 의거하여 화연을 설치하고
다과와 진수를 자리 앞에 나열하였으니
크고 작은 자리에 차례대로 앉으셔서
마음을 오롯이 하여 부처님의 설법 들으소서.

옴 마니군다니 훔훔 사바하 [삼설]

茶偈[10]
다 게
百草林中一味新 趙州常勸幾千人
백 초 임 중 일 미 신 조 주 상 권 기 천 인

---

10) 『산보범음집』(의총2, 610하).

烹將石鼎江心水　願使亡靈歇苦輪
팽 장 석 정 강 심 수 　 원 사 망 령 헐 고 륜

願使孤魂歇苦輪　願使諸靈歇苦輪[11]
원 사 고 혼 헐 고 륜 　 원 사 제 령 헐 고 륜

온갖 풀 중 오로지 한 신선한 차 맛
조주스님 사람들께 권하셨듯이
돌솥에다 강심수를 달여 드리니
망령이여, 드시고 윤회에서 벗어나소서.
고혼이여, 드시고 윤회에서 벗어나소서.
제령이여, 드시고 윤회에서 벗어나소서.

　혼령을 청해 차를 올리는데, 당해 혼령이 선령일 때는 원사선령헐
고륜이다. 관음시식은 상시식이라고 하는데 당해 혼령의 조상 친척
들을 청하여 제령이라고 하고 무주고혼들을 청하는 시식에서는 고
혼이라고 하고 있다. 영반은 당해 혼령, 관음시식은 조상과 친척 등
을 청하고 전시식에서는 고혼을 청하여 시식하던 모습들이 적어도
19세기 이전에는 그것이 지켜졌다고 보이지만 오늘날에는 혼재되어
나타난다.

　관욕이 끝난 혼령의 위패를 하단에 안치하였으면, 신중작법 괘불
이운 영산작법을 봉행한다.

---

11) 『범음산보집』(한불전11, 478상)을 따라 선령으로 한다. 『산보범음집』(의총2, 597하)에는
　　"淸淨名茶藥 普施孤魂衆 未除飢渴苦 速達菩提果"의 다게가 시설되고 크게 할 때는 운심
　　게송으로 하도록 하고 있는데 이 또한 의미가 있다고 할 수 있다. 망령은 당일망령이고,
　　제령은 제위영가, 애혼은 무주고혼으로 이해하기도 한다. 월운, 『일용의식수문기』(중앙
　　승가대출판국, 1991), p.71. 범종실을 모실 때는 '仙靈'으로 나타나기도 한다.

神衆作法
신 중 작 법

　　신중작법(神衆作法)은 불법을 옹호하겠다는 서원을 다짐한 신들에게 법회 도량의 옹호를 부탁드리는 의식이다. 불교 경전에는 불법을 옹호하고 불교를 믿는 이들을 지켜주겠다는 서원을 한 신중들이 등장하는데, 신중작법에는 화엄경의 신중들이 중심인 39위를 청하는 화엄창불이 있고, 수륙도량의 결계와 수호를 발원한 예적원만성자 십대명왕 범석제천 등의 104위 신중을 청하여 옹호를 발원하는 대창불이 있으며, 경전을 독송할 때는 8금강 4보살을 봉청하여 옹호를 부탁하기도 한다.

　　어떤 신중작법이라도 그 절차는 옹호를 부탁하는 게송을 아뢰고 성현중의 강림을 기뻐하는 요잡바라를 추며, 신중의 위목(位目)을 일일이 거명하며 예경을 표한다. 이때 태징에 맞추어 거행하며, 도착하는 신중들을 노래로 맞이하는 가영을 아뢰며, 차를 올리고, 신중의 능력을 찬탄하는 탄백의 순서로 진행된다.

擁護偈
옹 호 게

八部金剛護道場 空神速赴報天王
팔 부 금 강 호 도 량 　 공 신 속 부 보 천 왕

三界諸天咸來集 如今佛刹補禎祥
삼 계 제 천 함 래 집 　 여 금 불 찰 보 정 상

팔부 금강께서는 도량을 옹호하시고,
공중의 신들께서는 속히 천왕께 아뢰소서.
삼계의 여러 하늘이 다 모이시었으니,
이제 붓다 나라로 상서로워졌어라.

　의례를 시작하거나 특히 법석을 시작할 때 신중들을 청해 옹호를
청하게 된다. 옹호를 위해 신중들을 먼저 청하는데 신중들을 옹호게
에서 청하니 그들을 청하는 데에 관심을 가지고 그분들에게 옹호를
부탁하는 의식이라는 것을 놓치는 경우가 많은 것 같다. 소창불은
104위 신중을 청하는 것을 간략히 청하는 것이고, 대창불은 104위
신중을 모두 청하는 것이며, 39위청은 화엄신중이라서 화엄창불이
라고 한다. 화엄창불을 39위 신중작법이라고 하는 바람에 39위신중
을 104위의 축약으로 오해하는 경우도 많다. 하지만 104위를 간략
하게 한 신중작법은 소창불이다. 청해서 옹호를 발원하는 형식이다.

小唱佛
소 창 불

奉請 如來化現 圓滿神通 大穢跡金剛聖者
봉 청 여 래 화 현 원 만 신 통 대 예 적 금 강 성 자

奉請 靑除災金剛 碧毒金剛
봉 청 청 제 재 금 강 벽 독 금 강

奉請 黃隨求金剛 白淨水金剛
봉 청 황 수 구 금 강 백 정 수 금 강

奉請 赤聲火金剛 定除災金剛
봉 청 적 성 화 금 강 정 제 재 금 강

奉請 紫賢神金剛 大神力金剛
봉 청 자 현 신 금 강 대 신 력 금 강

奉請 警物眷菩薩 定業索菩薩
봉청 경물권보살 정업삭보살

奉請 調伏愛菩薩 群迷語菩薩
봉청 조복애보살 군미어보살

奉請 大威德大忿怒 甘露軍茶利等 十大明王
봉청 대위덕대분노 감로군다리등 십대명왕

奉請 娑婆界主 大梵天王 地居世主 帝釋天王
봉청 사바계주 대범천왕 지거세주 제석천왕

奉請 護世安民 四方天王 日月二宮 兩大天子
봉청 호세안민 사방천왕 일월이궁 양대천자

奉請 二十諸天 諸大天王 北斗大聖 七元星君
봉청 이십제천 제대천왕 북두대성 칠원성군

奉請 二十八宿 諸星君衆 妙好音聲 阿修羅王
봉청 이십팔수 제성군중 묘호음성 아수라왕

奉請 二十五位 護戒大神 一十八位 福德大神
봉청 이십오위 호계대신 일십팔위 복덕대신

奉請 竈王山王 二位大神 道場土地 伽藍大神
봉청 조왕산왕 이위대신 도량토지 가람대신

奉請 五方五帝 五位大神 伽耶那提 二大金剛
봉청 오방오제 오위대신 가야나제 이대금강

奉請 江神河伯 水府等衆 監齋直府 二位使者
봉청 강신하백 수부등중 감재직부 이위사자

奉請 陰陽造化 不知名位 護法善神
봉청 음양조화 부지명위 호법선신

一切靈祇 等衆
일체영기 등중

唯願 神將慈悲 擁護道場 成就佛事
유원 신장자비 옹호도량 성취불사

신장이시여, 자비로 도량을 옹호하고 불사를 성취하소서.

歌詠
가영

如來會上無高下 軒從雲間有異同
여래회상무고하 헌종운간유이동

我運虔誠修等供 攀邀相伴紫金容
아운건성수등공 반요상반자금용

故我一心歸命頂禮 [반절]
고 아 일 심 귀 명 정 례

여래 회상에는 고하가 없고
집에는 주방 따라 차이가 있네.
내가 정성으로 들여 평등 공양 마련하여
멀리 있으나 붓다님과 서로 반려되어 함께 하네.
그래서 저는 일심으로 절합니다.

茶偈
다 게

今將甘露茶 三壇各位前 鑑察虔懇心
금 장 감 로 다 삼 단 각 위 전 감 찰 건 간 심

願垂哀納受 願垂哀納受 願垂慈悲哀納受
원 수 애 납 수 원 수 애 납 수 원 수 자 비 애 납 수

제가 이제 감로다를 삼단 각각 자리에 올리오니
재자의 정성을 살피시고 자비로써 받으소서.

歎白
탄 백

帝釋天王慧鑑明 四洲人事一念知
제 석 천 왕 혜 감 명 사 주 인 사 일 념 지

哀愍衆生如赤子 是故我今恭敬禮
애 민 중 생 여 적 자 시 고 아 금 공 경 례

제석천왕은 지혜로 밝게 살피시어
사 천하의 인간사를 한순간에 아시네.
중생을 어린아이처럼 가엾이 여기시니
내가 이제 공경히 절합니다.

다음은 39위 신중 위목이다. 화엄경의 신중들로 구성되어 '화엄창
불'이라고 부른다.

三十九位 神衆作法 [華嚴唱佛]
삼 십 구 위   신 중 작 법   화 엄 창 불

上壇 十二位
상 단 십 이 위

奉請 觀察無常所行平等無數大自在天王
봉 청 관 찰 무 상 소 행 평 등 무 수 대 자 재 천 왕

奉請 皆以寂靜安住其中無量廣果天王
봉 청 개 이 적 정 안 주 기 중 무 량 광 과 천 왕

奉請 廣大法門勤作利益無量徧淨天王
봉 청 광 대 법 문 근 작 이 익 무 량 변 정 천 왕

奉請 廣大寂靜無碍法門無量光音天王
봉 청 광 대 적 정 무 애 법 문 무 량 광 음 천 왕

奉請 皆具大慈憐愍衆生不可思議數大梵天王
봉 청 개 구 대 자 연 민 중 생 불 가 사 의 수 대 범 천 왕

奉請 修習方便廣大法門無數他化自在天王
봉 청 수 습 방 편 광 대 법 문 무 수 타 화 자 재 천 왕

奉請 調伏衆生令得解脫無量化樂天王
봉 청 조 복 중 생 영 득 해 탈 무 량 화 락 천 왕

奉請 皆勤念持諸佛名號不可思議數兜率陀天王
봉 청 개 근 염 지 제 불 명 호 불 가 사 의 수 도 솔 타 천 왕

奉請 皆勤修習廣大善根無量須夜摩天王
봉 청 개 근 수 습 광 대 선 근 무 량 수 야 마 천 왕

奉請 皆勤發起一切世間無量三十三天王
봉 청 개 근 발 기 일 체 세 간 무 량 삼 십 삼 천 왕

奉請 皆勤修習利益衆生無量日天子
봉 청 개 근 수 습 이 익 중 생 무 량 일 천 자

奉請 皆勤現發衆生心寶無量月天子
봉 청 개 근 현 발 중 생 심 보 무 량 월 천 자

唯願 神將慈悲 擁護道場 成就佛事
유 원 신 장 자 비 옹 호 도 량 성 취 불 사

신장님이시여 자비로 도량을 옹호하고 불사를 이루게 하소서.

歌詠
가 영

欲色諸天諸聖衆 常隨佛會現慈嚴
욕 색 제 천 제 성 중 상 수 불 회 현 자 엄

所行平等普觀察 爲救衆生無疲厭
소 행 평 등 보 관 찰 위 구 중 생 무 피 염

故我一心歸命頂禮 [반절]
고 아 일 심 귀 명 정 례

욕계 색계 제 하늘의 여러 성인은

언제나 붓다의 회상을 따라 자비와 위엄을 나타내

평등하게 실행하여 살피시고

중생을 건지는 것에 지치거나 싫어하지 않으시네.

그래서 저는 일심으로 절합니다.

中壇 八位
중 단 팔 위

奉請 深生信解歡喜愛重無量乾闥婆王
봉 청 심 생 신 해 환 희 애 중 무 량 건 달 바 왕

奉請 無碍法門廣大光明無量鳩槃茶王
봉 청 무 애 법 문 광 대 광 명 무 량 구 반 다 왕

奉請 興雲布雨熱惱除滅無量諸大龍王
봉 청 흥 운 포 우 열 뇌 제 멸 무 량 제 대 용 왕

奉請 皆勤守護一切衆生無量夜叉王
봉 청 개 근 수 호 일 체 중 생 무 량 야 차 왕

奉請 廣大方便永割癡網無量摩睺羅王
봉 청 광 대 방 편 영 할 치 망 무 량 마 후 라 왕

奉請 心恒快樂自在遊戲無量緊那羅王
봉 청 심 항 쾌 락 자 재 유 희 무 량 긴 나 라 왕

奉請 成就方便救攝衆生不可思議數迦樓羅王
봉 청 성 취 방 편 구 섭 중 생 불 가 사 의 수 가 루 라 왕

奉請 悉已精勤摧伏我慢無量阿修羅王
봉 청 실 이 정 근 최 복 아 만 무 량 아 수 라 왕

唯願神將慈悲 擁護道場 成就佛事
유 원 신 장 자 비 옹 호 도 량 성 취 불 사

신장님이시여 자비로 도량을 옹호하고 불사를 이루게 하소서.

歌詠
가 영

八部四王來赴會 心恒快樂利無窮
팔 부 사 왕 래 부 회 심 항 쾌 락 이 무 궁

皆勤解脫方便力 攝伏群魔振威雄
개 근 해 탈 방 편 력 섭 복 군 마 진 위 웅

故我一心歸命頂禮 [반절]
고 아 일 심 귀 명 정 례

팔부천왕 사천왕은 법회에 와서 이르니

마음은 항상 쾌락하고 이익이 무궁하네.

다 부지런해서 해탈 방편력으로

여러 마라를 섭복하여 위엄을 떨치시네.

그래서 저는 일심으로 절합니다.

下壇 十九位
하 단 십 구 위

奉請 皆於妙法能生信解無量主晝神
봉 청 개 어 묘 법 능 생 신 해 무 량 주 주 신

奉請 皆勤修習以法爲樂無量主夜神
봉 청 개 근 수 습 이 법 위 락 무 량 주 야 신

奉請 普放光明恒照十方無量主方神
봉 청 보 방 광 명 항 조 시 방 무 량 주 방 신

奉請 心皆離垢廣大明潔無量主空神
봉 청 심 개 이 구 광 대 명 결 무 량 주 공 신

奉請 皆勤散滅我慢之心無量主風神
봉 청 개 근 산 멸 아 만 지 심 무 량 주 풍 신

奉請 示現光明熱惱除滅無量主火神
봉 청 시 현 광 명 열 뇌 제 멸 무 량 주 화 신

奉請 常勤救護一切衆生無量主水神
봉 청 상 근 구 호 일 체 중 생 무 량 주 수 신

奉請 功德大海充滿其中無量主海神
봉 청 공 덕 대 해 충 만 기 중 무 량 주 해 신

奉請 皆勤作意利益衆生無量主河神
봉청 개근작의이익중생무량주하신

奉請 莫不皆得大喜成就無量主稼神
봉청 막불개득대희성취무량주가신

奉請 性皆離垢仁慈祐物無量主藥神
봉청 성개이구인자우물무량주약신

奉請 皆有無量可愛光明不可思議數主林神
봉청 개유무량가애광명불가사의수주림신

奉請 皆於諸法得清淨眼無量主山神
봉청 개어제법득청정안무량주산신

奉請 親近諸佛同修福業佛世界塵數主地神
봉청 친근제불동수복업불세계진수주지신

奉請 嚴淨如來所居宮殿佛世界微塵數主城神
봉청 엄정여래소거궁전불세계미진수주성신

奉請 成就願力廣興供養佛世界微塵數道場神
봉청 성취원력광흥공양불세계미진수도량신

奉請 親近如來隨逐不捨佛世界微塵數足行神
봉청 친근여래수축불사불세계미진수족행신

奉請 成就大願供養諸佛佛世界微塵數身衆神
봉청 성취대원공양제불불세계미진수신중신

奉請 恒發大願供養諸佛佛世界微塵數執金剛神
봉청 항발대원공양제불불세계미진수집금강신

唯願 神將 慈悲 擁護道場 成就佛事
유원 신장 자비 옹호도량 성취불사

신장님이시여, 자비로 도량을 옹호하고 불사를 이루게 하소서.

歌詠
가 영

品類無邊形色別 隨其願力現神通
품류무변형색별 수기원력현신통

奉行佛法常爲護 利益衆生一切同
봉행불법상위호 이익중생일체동

故我一心歸命頂禮 [반절]
고 아 일 심 귀 명 정 례

중생들은 가없이 형색이 다른데
그 원력으로 신통을 나타내시네.
불법을 항상 호위하며 받들어 행하니
중생을 이롭게 하는 모든 것이 같네.
그래서 저는 일심으로 절합니다.

茶偈
다게

清淨名茶藥 能除病昏沈[12] 惟冀擁護衆
청 정 명 다 약　능 제 병 혼 침　　유 기 옹 호 중
願垂哀納受 願垂哀納受 願垂慈悲哀納受
원 수 애 납 수　원 수 애 납 수　원 수 자 비 애 납 수

청정한 명다와 묘약은 병과 혼침을 없애니
옹호 신중이시여, 자비로써 불쌍히 여겨 받으옵소서.

歎白
탄 백

帝釋天王慧鑑明 四洲人事一念知
제 석 천 왕 혜 감 명　사 주 인 사 일 념 지
哀愍衆生如赤子 是故我今恭敬禮
애 민 중 생 여 적 자　시 고 아 금 공 경 례

제석천왕은 지혜로 밝게 살피시어
사 천하의 인간사를 한순간에 아시네.
중생을 어린아이처럼 가엾이 여기시니
내가 이제 공경히 절합니다.

---

12) 『범음산보집』(한불전11, 477하).

견해에 따라 다를 수도 있지만 화엄창불은 화엄산림에서 옹호를 청할 때 행하는 것으로 보이고, 104위의 대창불이나 소창불은 그 등장 배경이 『지반문』이라고 할 수 있으므로 수륙재회나 예수재회에서 활용될 수 있다고 할 수 있다.

掛佛移運
괘 불 이 운

　괘불(掛佛)은 '걸개형 불화'라는 뜻이고, 괘불이운은 괘불을 옮기는 의식이다. 괘불이 모셔진 불당(佛堂)에서 도량으로 모시는 방식으로 진행된다. 재도량에 괘불을 걸어놓고 대사만을 아뢰기도 한다. 의식 절차는 옹호신중에게 옹호를 청하고, 붓다를 찬탄하며 영산에서 나오시라고 부탁하며 시작된다. 영산의 붓다께서 꽃을 들어 보임으로써 세상에 큰 복전을 여시게 되었음을 찬탄하고, 영산회상불보살의 거령산 짓소리를 하며 요잡을 한다. 재도량에 이르면 붓다께 법상에 오르시기를 청하고 도착하신 붓다께 절을 올린다. 이때 사무량게로 찬탄하는 게송을 먼저 아뢰고 '영산지심'의 절을 올린다. 이어 헌좌게와 진언을 마치고 차를 올린다. 이때 착복하고 춤으로 공양의 예를 올리게 된다. 괘불을 이운한 뒤에 실제 당일 재회가 건립되었음을 아뢰는 건회소를 아룀으로써 재회가 시작되게 된다.

擁護偈
옹 호 게

八部金剛護道場 空神速赴報天王
팔 부 금 강 호 도 량　공 신 속 부 보 천 왕
三界諸天咸來集 如今佛刹補禎祥
삼 계 제 천 함 래 집　여 금 불 찰 보 정 상

팔부 금강께서는 도량을 옹호하시고,

공중의 신들께서는 천궁에 이르러 천왕께 아뢰소서.
삼계의 여러 하늘이 다 모이시었으니,
이제 붓다님 나라처럼 상서롭게 도우소서.

괘불이운의 원형은 1694년 금산사『제반문』의 '거영산작법절차'
등에서 확인되는데 이때는 사실 괘불이운이 아니라 '설주이운(說主移
運)'이라고 봐야 한다. 18세기 초반의『범음산보집』이 괘불이운과 법
사 혹은 설주이운을 분화하고 있는데 그 의미로 볼 때는 설주이운이
원형이 아닐까 하는 생각이 든다.

讚佛偈
찬 불 게
塵點劫前早成佛 爲度衆生現世間
진 점 겁 전 조 성 불   위 도 중 생 현 세 간
巍巍德相月輪滿 於三界中作導師
외 외 덕 상 월 륜 만   어 삼 계 중 작 도 사

진점겁 전 일찍이 불도를 이루시고
중생을 건지기 위해 세간에 몸을 나타내셨네.
높고 높은 덕스러운 모습은 원만하시며
삼계에 중생을 인도하는 스승이 되셨네.

찬불게송이 거영산작법의 시작이다. 앞에서 언급하였듯이 사실상
설주이운과 괘불이운이 분화되기 전의 모습에서 볼 때는 다음의 출
산게 앞에 입산게, 그 앞에는 강생게, 그 앞에는 염화게가 존치한다.

염화게는 찬불게 다음에 있는데, 그 내용은 붓다님은 광대한 청련(靑蓮)의 눈을 여시고, 오묘한 상호를 장엄한 몸이시라, 인간 세상과 하늘 세상에서 찬탄한다. 그것은 만 줄기 물이 모두 바다로 돌아가는 데로 비유할 수 있다고 하며, 그 양이 바다보다 셀 수가 없다고 노래하고 있다.

이것으로 볼 때 괘불이운, 혹은 설주이운의 모습은 붓다의 강생에서 입산 고행 출산의 형식으로 이뤄지는 것임을 알 수 있다. 찬불게의 '진묵겁(塵墨劫)'이라는 표현은 18세기 초반『범음산보집』부터 나타나는데, 바로 앞의 금산사『제반문』이나 17세기 중반의『오종범음집』에는 '진점겁(塵點劫)'으로 나온다. 17세기에 진점겁이 진묵겁으로 이해되기 시작했다는 것을 의미한다. 찬불게는 구원겁 전에 이미 성불하고 중생을 제도하기 위해 이 세상에 오셨고 삼계의 대 도사라는 것이 핵심이다. 그런 붓다께서 세상에 나오시는 것을 찬탄하는 게송이 다음의 출산게이다.

出山偈
출 산 게

巍巍落落淨裸裸 獨步乾坤誰伴我
외 외 낙 락 정 나 나　독 보 건 곤 수 반 아

若也山中逢子期 豈將黃葉下山下
약 야 산 중 봉 자 기　기 장 황 엽 하 산 하

높고 높아 우뚝 솟아 감춤 없이 드러났네.
천지간을 홀로 걷는 나의 짝은 뉘이던가.
산중에서 종자기와 같은 친구를 만났더라면
늙은 이 몸 황엽을 가지고 하산을 하였을까.

拈花偈
염 화 게

菩薩提花獻佛前 由來此法自西天
보 살 제 화 헌 불 전   유 래 차 법 자 서 천
人人本具終難恃 萬行新開大福田
인 인 본 구 종 난 시   만 행 신 개 대 복 전

보살께서 꽃을 들어 불전에 올리는 것은
이 법은 본래 서천에서 유래된 것인데
사람마다 본래부터 갖췄으나 믿기 어려워
만행으로 큰 복전을 새로 여셨네.

散花落 [삼설]
산 화 락

南無靈山會上一切諸佛諸大菩薩摩訶薩 [삼설]
나 무 영 산 회 상 일 체 제 불 제 대 보 살 마 하 살

산화락을 삼설하고 바라를 울린 다음 위의 거영산을 인성하며 요
잡을 한다. 이때 괘불의 이운 행렬이 마당 중앙에 이르면 연주하던
음악을 그치고 등상게를 한다. 금산사『제반문』의 설명을 잠시 들어
보면 출산게를 하고 나서 시자는 회주 앞으로 나아가 좌우에서 모시
고 문밖으로 나온다고 하고 있다. 이때 위의들은 여러 선사들과 나
란히 선다. 이때 대종 18추를 친다. 상번은 영산회상불보살을 인성
이로 하고 등상게를 한다고 하고 있다.

登床偈
등 상 게

遍登獅子座 共臨十方界
변 등 사 자 좌 공 림 시 방 계

蠢蠢諸衆生 引導蓮華界
준 준 제 중 생 인 도 연 화 계

사자좌에 오르시고 시방세계에 임하시어
일체 중생들을 연화계로 이끄소서.

四無量偈
사 무 량 게

大慈大悲愍衆生 大喜大捨濟含識
대 자 대 비 민 중 생 대 희 대 사 제 함 식

相好光明以自嚴 衆等至心歸命禮
상 호 광 명 이 자 엄 중 등 지 심 귀 명 례

대자대비로 중생들을 불쌍히 여기시고
대희대사로 모든 유정 제도하시네.
상호광명으로 스스로 장엄하시니
저희들은 지극한 마음으로 귀명하며 절합니다.

靈山至心
영 산 지 심

至心歸命禮 靈山會上 拈花示衆 是我本師
지 심 귀 명 례 영 산 회 상 염 화 시 중 시 아 본 사

釋迦牟尼佛 (衆和) 唯願 靈山哀愍 受我頂禮
석 가 모 니 불 중화 유 원 영 산 애 민 수 아 정 례

지극한 마음으로 영산회상에서 꽃을 들어 대중에게 보이신 나의 본사
석가모니 붓다께 절합니다. (대중 함께) 영산의 붓다시여, 저를 애민히
여기시어 저의 절을 받아 주십시오.

등상게로 법상에 오르셨으니 이제 예경을 드린다. 예경을 드리기 전에 사무량게로 예경을 찬탄하는 게송을 먼저 짓고 영산의 붓다께 귀명정례를 올린다. 법상에 올랐으니 사실 이후의 헌좌게나 진언은 큰 의미가 없다고 할 수 있다. 『금산사 제반문』이나 『범음산보집』에는 영산지심으로 괘불이운을 마치고 있음을 볼 수 있으며, 설주이운도 등상게와 좌불게로 마치는 모습을 볼 수 있다.[13]

獻座偈
헌 좌 게

妙菩提座勝莊嚴　諸佛坐已成正覺
묘 보 리 좌 승 장 엄　제 불 좌 이 성 정 각

我今獻座亦如是　自他一時成佛道
아 금 헌 좌 역 여 시　자 타 일 시 성 불 도

수승하게 장엄된 좋은 보리좌,
모든 붓다께서 앉으셔서 정각을 이룬 자리와 같네.
제가 바치는 자리도 그와 같으니,
나와 남이 일시에 불도를 이루오리다.

옴 바아라 미나야 사바하 [삼설]

茶偈
다 게

今將妙藥及名茶　奉獻靈山大法會
금 장 묘 약 급 명 다　봉 헌 영 산 대 법 회

俯鑑檀那虔懇心　願垂慈悲哀納受
부 감 단 나 건 간 심　원 수 자 비 애 납 수

---

13) 『천지명양수륙재의범음산보집』(HD11, 465).

이제 묘약과 명차를 가지고
수륙대법회의 성현께 받들어 올리오니
단월의 경건한 정성을 구부려 살피시
자비를 드리워 연민히 여겨 거두어 주소서.

普供養眞言
보 공 양 진 언
옴 아아나 삼바바 바아라 훔 [삼설]

보공양진언은『석문의범』에서 '훔'과 '혹'이 혼재되나『진언집』등
고본에는 한결같이 '혹'으로 등장하여 '혹'이 적의하다고 할 수 있으
나『예수재 의문』과 동일하게 '훔'으로 표기하였다.

六擧佛
육 거 불

'육거불'이라고 하는 조어는 근대에 성립된 조어라고 할 수 있다. 법석을 짓는 절차라는 의미의 『작법절차』(1496)의 법화거불이라고 할 수 있다. 작법절차의 작법의 법은 법석이라고 할 수 있는데, 법석에 따라 거불이 달라진다. 17세기 중반 이후 법화법석의 거불만이 존치 해오고 있다. 이때 불호는 마지막의 영산회상불보살까지 여섯 명호 라고 보고 '불교의식'에서 육거불이라는 명칭이 처음 사용된 이래 현 재까지 사용해오고 있다.

南無 證聽妙法 多寶如來佛
나 무 증 청 묘 법 다 보 여 래 불

南無 靈山敎主 釋迦牟尼佛
나 무 영 산 교 주 석 가 모 니 불

南無 極樂導師 阿彌陀佛
나 무 극 락 도 사 아 미 타 불

南無 文殊普賢大菩薩
나 무 문 수 보 현 대 보 살

南無 觀音勢至大菩薩
나 무 관 음 세 지 대 보 살

南無 靈山會上佛菩薩
나 무 영 산 회 상 불 보 살

위 거불명호를 보면 알 수 있지만 영산회상불보살은 위의 불보살 명호의 총칭으로 인성소리를 내는 것임을 알 수 있다. 이를 육거불이 등장하게 된 배경은 여러 가지 있겠으나 대령한 혼령들의 법석을 열게 되었음을 의미한다. 해서 이후의 설법의식이 시설되면 의례의 현대화가 구현되게 될 것이다.

造錢點眼
조 전 점 안

　조전점안(造錢點眼)이란 조전, 곧 돈을 만들고 점안한다는 뜻이다. 점안은 눈에 점을 찍음으로써 완성하였다는 의미인데, 불보살의 상(像), 불탑, 가사 등을 조성하면 점안을 하여 생신(生身)을 성취하게 한다. 불교 재회에는 도량의 불단 좌우에 금은전산(金銀錢山)이 걸리므로, 조전점안 의식을 해야 하나 생전예수재 외의 다른 재회에서는 잘 하지 않는다. 그 의식은, 먼저 금은전을 정으로 쳐서 돈을 만든 다음에 의식을 진행한다. 붓다의 명호를 거명하는 거불이 독특하다. 나무불수 나무법수 나무승수로 삼보의 물을 칭명하고, 오방용수를 21편 한 다음 만든 돈에 향수를 뿌리는 진언, 돈을 만드는 진언, 돈이 이뤄졌다는 진언, 금은전으로 변하게 발원하는 진언을 염송하여 가지(加持)한다. 끝으로 산처럼 생긴 금은전을 괘전대에 거는 진언으로 성전의식은 마치고 보회향진언과 원성취진언 보궐진언 염송을 끝으로 마친다.

　조전점안의식은 택전의식이라고 하는 경우도 있고, 지공 나옹 무학의 려말선초의 삼화상을 청하여 증명을 부탁하기도 한다. 청련사 『예수재의문』에서 제시하는 절차는 천수를 염송하여 감로수를 사방에 뿌려 도량을 정화하고 찬탄하며 참회게와 진언을 염송 후 시작한다.

造錢眞言
조 전 진 언
옴 바아라 훔 사바하 [삼설]

成錢眞言
성 전 진 언
옴 반자나 훔 사바하 [삼설]

南無 佛水
나 무 불 수
南無 法水
나 무 법 수
南無 僧水
나 무 승 수
南無 五方龍王水
나 무 오 방 용 왕 수

위에서 조전(造錢)한 성전이라고 할 수 있고 다음의 의식을 마친
다음 거불을 하는데, 여기서부터는 저승 돈으로 변하게 하는 의식이
라고 할 수 있다. 그런 다음에 쇄향수진언을 염송할 때 향수를 성전
한 돈에 뿌린다.

灑香水眞言
쇄 향 수 진 언
옴 아라 훔 사바하 [삼설]

變成金銀錢眞言
변 성 금 은 전 진 언
옴 발사라 반자니 사바하 [삼설]

開錢眞言
개 전 진 언
옴 아자나니 훔 사바하 [삼설]

掛錢眞言
괘 전 진 언
옴 반자나 반자니 사바하 [삼설]

金銀錢 · 經函 移運
금 은 전　　경 함　이 운

　　조전한 금은전이나 조성한 경전을 담은 경함을 옮기는 의식이다. 예수재에는 경함이운과 더불어 금은전이운이 중요한 의례이다. 예수재에서 경함이운을 하는 것은 육갑의 연생마다 각자가 바쳐야 할 경전이 있어 그것을 조성하여 고사단으로 옮긴다는 것을 의미한다. 이때 경전은『법화경』,『금강경』,『수생경』등 다양하며, 조선 중기 16세기 이후에는『법화경』이 많이 활용되었다. 이 경전을 염송하면 금강불괴의 장수를 성취하는 경전이라는 믿음 때문이었다고 할 수 있다.

　　금은전과 경함을 이운하는 의식은, 신중님께 옹호를 부탁하고 거불 가영 · 다게 · 탄백을 하고, 행보게를 하고 금은전이나 경전을 옮기게 되었다는 게송을 하며, 산화락을 하고 마하반야바라밀의 짓소리와 요잡을 해서 고사단에 이르러 이를 바치는 게송과 진언으로 진행된다. 이때 동참대중은 금은전이나 경함을 머리에 이고 옮기게 되는데 대단히 장엄하다.

神衆作法 擁護偈
신 중 작 법　옹 호 게

八部金剛護道場 空神速赴報天王
팔 부 금 강 호 도 량　공 신 속 부 보 천 왕

三界諸天咸來集 如今佛刹補禎祥
삼 계 제 천 함 래 집 여 금 불 찰 보 정 상

팔부 금강께서는 도량을 옹호하시고,
공중의 신들께서는 천궁에 이르러 천왕께 아뢰소서.
삼계의 여러 하늘이 다 모이시었으니,
이제 붓다님 나라처럼 상서롭게 도우소서.

動錢偈
동 전 게

誰道金銀山不動 不煩天帝命夸娥
수 도 금 은 산 부 동 불 번 천 제 명 과 아
人間紙作冥間寶 儘是如來妙力多
인 간 지 작 명 간 보 진 시 여 래 묘 력 다

어느 누가 금산 은산 못 옮긴다 했든가
천제는 과아[14]에게 명하는 번거로움 없이
인간 세계 종이로 명부의 보배를 만들었으니
이것은 다 여래의 미묘한 힘 많아서이네.

散花落 [삼설]
산 화 락

南無摩訶般若波羅蜜 [삼설]
나 무 마 하 반 야 바 라 밀

---

14) 과아(夸娥) : 옥황상제의 아들 이름.

經函移運
경함이운

妙法何須別處討 花花草草露全機
묘법하수별처토 화화초초노전기

人人不識圓珠在 也使能仁捲蔽衣
인인불식원주재 야사능인권폐의

묘법을 어찌 다른 곳에서 찾으랴
꽃들이며 풀들까지 온전함을 드러내는데
사람마다 둥근 구실 있다는 걸 알지 못하고
붓다로 하여금 떨어진 옷 걷어붙이시게 하네.

動經偈
동경게

珠爲出珍登淨案 藥因療病瀉金瓶
주위출진등정안 약인요병사금병

大乘法力難思議 若薦亡靈轉此經
대승법력난사의 약천망령전차경

구슬이 보배산 되었으니 깨끗한 책상 위에 올려
약은 병을 치료하기 위해 금병에서 쏟아내네.
대승의 법력은 헤아리기 어려우니
망령을 천도하려면 이 경전을 옮겨야 하리.

拈花偈
염화게

花果一時同妙法 染中常淨亦如然
화과일시동묘법 염중상정역여연

今將數朶芙蓉蘂 供養靈山法寶前
금장수타부용예 공양영산법보전

꽃과 과일 일시에 되니 묘법과 같아
오염된 데서도 항상 청정한 것이 그와 같으네.
이제 몇 줄기 연꽃으로
영산의 대법보 전에 올립니다.

散花落 [삼설]
산 화 락

南無靈山會上一切諸佛諸大菩薩摩訶薩 [삼설]
나 무 영 산 회 상 일 체 제 불 제 대 보 살 마 하 살

고사단 앞에서 금은전과 경함을 납입할 때 요잡을 한다. 법성게를
염송하면서 금전 은전을 고사단에 올린다.

獻錢偈
헌 전 게

化紙成錢兼備數 堆堆正似白銀山
화 지 성 전 겸 비 수 퇴 퇴 정 사 백 은 산

今將奉獻冥官前 勿棄茫茫曠野間
금 장 봉 헌 명 관 전 물 기 망 망 광 야 간

종이로 돈을 만들어 그 숫자만큼 준비하여
쌓고 또 쌓으니 하얀 은산 되었네.
이 돈을 명관 전에 받들어 올리오니
아득한 넓은 들에 버리지 마옵소서.

獻錢眞言
헌 전 진 언
옴 아자나 흠 사바하 [삼설]

금은전을 봉헌하는 게송과 진언으로 금은전을 올린다. 그리고
경함을 봉헌하는 게송으로 경함을 고사단에 바치게 된다.

獻經偈
헌 경 게
妙經功德說難盡 佛語臨中最後談
묘 경 공 덕 설 난 진 불 어 임 중 최 후 담
山毫海墨虛空紙 一字法門書不咸
산 호 해 묵 허 공 지 일 자 법 문 서 불 함

묘법연화경의 공덕은 다 말할 수 없어라
붓다의 최후에 마지막으로 설하신 법
산 같은 붓으로 바다 같은 묵으로 허공처럼 많은 종이로도
한 자 법문조차 써도 다할 수 없어라.

　경전을 봉헌하는 게송인 헌경게송에 '묘경(妙經)'이라는 표현은 의
미함이 크다. 묘경, 묘법은 다 『묘법연화경』을 지칭한다. 『법화경』의
공덕이 크다는 것을 의미하는데 그 공덕을 산처럼 많은 붓으로도,
바다 같이 많은 먹으로도, 허공처럼 많은 종이에도 한 자 법문을 써
도 다할 수 없다는 것은 가히 종교적 신앙심의 압권이다.
　예수재 함합소에 의하면 『금강경』 몇 권의 간경(看經)이 나오고 『법
화경』은 언급되지 않고 있는데 『법화경』은 수륙재의 주요한 경전이
라고 할 수 있다. 『법화경』의 경전 공덕을 언급하는 것은 수륙재와
예수재가 같은 선상에 있다는 것을 의미한다. 해서 예수재 경함이운
의 경전이 『법화경』으로 나타나고 있다고 할 수 있다.

雲水上壇
운 수 상 단

　　일반적으로 '운수상단'이라고 하면 수륙재나 예수재의 시작을 알리는 의식으로 활용되었다. 그 차례를 보면 할향과 연향게로 시방의 삼보님께 경례하고 법회가 열리게 되었음을 아뢰는 것이다. 그런 다음에는 합장을 하여 성심의 진실향으로 삼보님의 강림을 청원한 다음 예수재를 시작하는 것이다. 청련사 『예수재의문』에도 그렇게 시설되었다. 그런데 이 의문은 법보화 삼신의 거불을 칭명한 뒤 개계소를 아뢰고 다음에는 진령게로 시방불찰의 삼보를 도청하는 의식을 운수상단으로 조직해 축조하였다. 이 운수상단과 같은 의식을 영산작법이라고 지칭하기도 한다. 그러다 보니 운수상단에서 '운수'의 개념에 대해 여러 의견이 분분하다. 특히 각배재의 상단을 '운수상단'이라고 하는데, 이를 영산작법이라고 한다. 이를 통해 보면, 운수상단의 운수는 '운수승'의 의미로 이해하고, 영산작법의 영산은 청산의 의미라고 할 수 있을 것 같다.

擧佛
거 불

南無 淸淨法身 毘盧遮那佛
나 무 청 정 법 신 비 로 자 나 불

南無 圓滿報身 盧舍那佛
나 무 원 만 보 신 노 사 나 불

南無 千百億化身 釋迦牟尼佛
나 무 천 백 억 화 신 석 가 모 니 불

開啓疏[15] 皮封式
개 계 소　　피 봉 식

召請文疏拜獻 十方三寶慈尊[16]
소 청 문 소 배 헌 　시 방 삼 보 자 존

釋迦如來 遺敎弟子 奉行加持 秉法沙門 謹封
석 가 여 래 　유 교 제 자 　봉 행 가 지 　병 법 사 문 　근 봉

修設冥司勝會疏[17]
수 설 명 사 승 회 소

盖聞 覺皇垂敎 賢聖扶持 欲抛生死之源 須假慈
개 문 　각 황 수 교 　현 성 부 지 　욕 포 생 사 지 원 　수 가 자

悲之力 由是 依經作法 準敎加持 建 無碍之道場
비 지 력 　유 시 　의 경 작 법 　준 교 가 지 　건 　무 애 지 도 량

啓 宏通之佛事 召請則 大排幡盖 邀迎則 廣列
계 　굉 통 지 불 사 　소 청 즉 　대 배 번 개 　요 영 즉 　광 열

香花 佛聲宣而 沙界淸凉 法鼓鳴而十方寧靜
향 화 　불 성 선 이 　사 계 청 량 　법 고 명 이 시 방 영 정

壇場大啓 軌範弘陳 欲遵聖賢之儀 須賴啓白之意
단 장 대 계 　궤 범 홍 진 　욕 준 성 현 지 의 　수 뢰 계 백 지 의

今有此日 (祝願) 今則 道場嚴辦 儀軌將行 當 法筵
금 유 차 일 　축 원 　금 즉 　도 량 엄 판 　의 궤 장 행 　당 　법 연

首建之時 乃 佛事初陳之際 謹具法事 開列于后
수 건 지 시 　내 　불 사 초 진 지 제 　근 구 법 사 　개 열 우 후

대략 이렇게 들었나이다. 붓다께서는 (시식의) 교의를 가르쳐주셨고, 현
성께서는 받들어 지녀 생사의 근원에서 벗어나게 하고자 하여 자비의 힘
을 가설하였습니다. 이 까닭에 경전의 작법에 의지하고 가르침의 가지에
준하여 무애의 도량을 건립하고 두루 소통하는 불사를 열었습니다. 청할

---

15) 『천지명양수륙잡문』(KR1, 535下, 537)에는 성전개계로 나타남. 이곳에는 원본처럼
　　疏자가 필요치 않다고 보임. 『산보범음집』(KR 2-591상)의 순서. 『천지명양수륙잡문』
　　(KR 1-537상)의 개행을 따랐음.
16) 소청문소배헌과 시방삼보자존이 좌우병렬이나 편의상 이렇게 인자함.
17) 『예수시왕생칠재의찬요』에는 '소(所)'로 나오나, 여기서는 '소(疏)'로 교정한다. p.17. 주
　　5) 참조.

때는 크게 번개를 배치하고 맞이할 때는 넓게 향화를 배열합니다. 붓다의 음성이 펼쳐지니 항하사 세계가 청량해지고, 법고가 울리니 시방이 편안해집니다. 만다라 도량을 크게 열고 의범에 따라 크게 진설하고 성현의 의범을 준수하여 아뢰는 뜻을 의지하였습니다. 오늘 (축원) 이제 도량을 설판하고 의궤에 따라 장차 진행하니 먼저 법연을 건립하는 때가 불사를 처음으로 펴는 것이니 삼가 법사를 갖추고 다음과 같이 나열합니다.

云 加持行道 法事一席等
운 가 지 행 도 법 사 일 석 등

자리마다 도량 법사(품목)를 한결같이 가지를 행한다.

右伏以 法音嘹喨 上驚九頂之天 螺鈸喧轟 下震
우 복 이 법 음 요 량 상 경 구 정 지 천 나 발 훤 굉 하 진
八寒之獄 寬容[18]則 遍周沙界 廣包[19]則 盈滿十方
팔 한 지 옥 관 용 즉 변 주 사 계 광 포 즉 영 만 시 방
三途八難以霑恩 六趣四生而獲益 仰惟
삼 도 팔 난 이 점 은 육 취 사 생 이 획 익 앙 유

위에서처럼 생각하니, 법음을 울리니 위로 구천의 하늘을 감동하게 하고 법라와 바라소리는 아래로 8한지옥을 떨칩니다. 넓게는 항하사계에 두루 하고, 가깝게는 시방에 충만하니, 삼도 팔난은 은혜를 입고 육취 사생은 이익을 얻게 되기를 우러러 바라오니

大覺證明 表宣謹疏
대 각 증 명 표 선 근 소

대각 세존이시여, 증명하소서. 삼가 글월 펼쳐 올립니다.

---

18) 잡문에는 容자가 없으나 유통본에는 존재함.
19) 잡문에는 近則이나 유통본에는 廣布로 나타남.

某年 某月 某日 疏
모년 모월 모일 소

오늘날 유통본에는 년 월 일 병법사문 근소로 나오나 원전이라고 할 수
있는 『천지명양수륙잡문』에는 '모년 모월 모일 소'로 나온다. '병법사문이
압'이라고 하여 승인을 하였다는 것을 보여준다.

振鈴偈
진 령 게

以此振鈴伸召請 十方佛剎普聞知
이 차 진 령 신 소 청　시 방 불 찰 보 문 지

願此鈴聲遍法界 無邊佛聖咸來集
원 차 령 성 변 법 계　무 변 불 성 함 래 집

요령 울려 청하오니

시방의 붓다 나라에 계신 (붓다께서는) 널리 듣고 아시리니,

요령 소리 법계에 두루 하여

가없는 붓다님과 성인들께서는 모두 모이옵소서.

普召請眞言
보 소 청 진 언

나무 보보제리 가리다리 다타 아다야 [삼설]

由致 [제불통청 유치도 가하다]
유 치

仰唯 三寶慈尊 法身湛寂 絶 視聽而包含太虛
앙 유 삼 보 자 존　법 신 담 적　절　시 청 이 포 함 태 허

報體圓明 離 方處而廓周 法界 分形千億
보 체 원 명　이　방 처 이 곽 주　법 계　분 형 천 억

垂化萬邦 開 毗盧廣大之義門 照 實際幽深之
寶藏 六度五行 十聖三賢 布 慈雲於三千世界
灑 法雨於八萬塵勞 有求皆遂 如 空谷之傳聲
無願不從 若 澄潭之印月 是以 娑婆世界 [云云]
就 於 (某山寺) 淨灑寶界 以今月今日 虔設法筵
淨饌供養 十方三世 帝網重重 無盡三寶慈尊
薰懃作法 仰祈妙援者

右伏以 爇 名香而禮請 呈 玉粒而修齋 齋體雖微
虔誠可愍 伏願 他心遠鑑 慧眼遙觀 運 無緣之大
悲 愍 有情之微懇 暫辭寶界 略降香筵 謹運一心
恭陳三請

우러러 생각하오니, 삼보자존의 법신은 맑고 고요하여 보고 듣고 하는 것을 끊어서 큰 허공을 다 감싸며, 보체는 둥글고 밝아 한 지방을 떠나 널리 법계에 두루 하십니다. 형체를 천억으로 나누어 만방을 교화하십니다. 비로자나 광대한 교학의 문을 열고, 실제의 그윽하고 깊은 보장을 비추십니다. 육바라밀과 오행을 닦은 십성 삼현은 자비의 구름을 삼천세계에 펴시고, 진리의 비를 팔만진로에 뿌리십니다. 구하는 것은 다 이뤄지는 것이 빈 골짜기에 메아리 들리듯이 하고, 이뤄지지 않는 원이 없기로는 맑은 못에 달그림자 찍히듯이 합니다. 그래서 사바세계 (운운) 누가 어느 산사로 나아가 깨끗하게 보배 세계에 뿌려 정화하고 금월 금일 법연을 마련하고 정찬으로 시방세계 제망중중 무진삼보자존전에 공양하고 자, 은근히 법연을 짓고 절차를 우러러 오묘한 구원을 바라는 이들입니다. 재자들은 명향을 살라 예로써 청하오며, 옥립을 바쳐서 재를 차렸습니다. 재는 미미하나 정성이나 불쌍히 여기시기를 바라옵니다. 엎드려 바라옵니다. 타심통으로 멀리까지 살피시고, 지혜의 눈으로 멀리까지 관찰하십시오. 무연의 대자비로써 유정들의 작지만 정성어린 간절함을 연민히 여겨 잠시 보계를 떠나 간단히 향연에 내려오소서. 일심으로 삼청합니다.

南無一心奉請 性天寥廓 覺海汪洋 法力難思
나 무 일 심 봉 청　성 천 요 곽　각 해 왕 양　법 력 난 사
大悲無碍 淸淨法身 毘盧遮那佛 圓滿報身 盧舍那
대 비 무 애　청 정 법 신　비 로 자 나 불　원 만 보 신　노 사 나
佛 千百億化身 釋迦牟尼佛 極樂敎主 阿彌陀佛
불　천 백 억 화 신　석 가 모 니 불　극 락 교 주　아 미 타 불
當來敎主 彌勒尊佛 十方三世 一切常住 眞如佛寶
당 래 교 주　미 륵 존 불　시 방 삼 세　일 체 상 주　진 여 불 보
大方廣佛華嚴經 大乘頓敎 圓覺經 大乘始敎 般若經
대 방 광 불 화 엄 경　대 승 돈 교　원 각 경　대 승 시 교　반 야 경
大乘終敎 妙法華經 拈花微笑 格外禪詮 十方三世
대 승 종 교　묘 법 화 경　염 화 미 소　격 외 선 전　시 방 삼 세
一切常住 甚深法寶 大智文殊菩薩 大行普賢菩薩
일 체 상 주　심 심 법 보　대 지 문 수 보 살　대 행 보 현 보 살
大悲觀世音菩薩 大願本尊地藏菩薩 傳佛心燈
대 비 관 세 음 보 살　대 원 본 존 지 장 보 살　전 불 심 등
迦葉尊者 流通敎海 阿難尊者 十方三世 一切常住
가 섭 존 자　유 통 교 해　아 난 존 자　시 방 삼 세　일 체 상 주
淸淨僧寶 如是三寶 無量無邊 一一周徧 一一塵刹
청 정 승 보　여 시 삼 보　무 량 무 변　일 일 주 변　일 일 진 찰
願垂慈悲 光臨法會 恭請證明 普同供養
원 수 자 비　광 림 법 회　공 청 증 명　보 동 공 양

일심으로 예경하며, 본성은 텅 비고 깨달음은 왕양하여 법력은 헤아리기

어렵고 대비는 걸림없는 청정법신 비로자나불, 원만보신 노사나불, 천백 억화신 석가모니불, 극락교주 아미타불, 당래교주 미륵존불, 시방삼세 일체 항상 계신 진여불보와 대방광불화엄경, 대승돈교 원각경, 대승시교 반야경, 대승종교 묘법화경, 염화미소 격외선전 시방삼세 일체 항상 계 신 심심법보와 대지 문수사리보살, 대행 보현보살, 대비 관세음보살, 대 원본존 지장보살, 붓다의 심등을 전해준 가섭존자, 가르침을 유통시킨 아난존자, 시방삼세 일체 항상 계신 청정한 승보, 이와 같은 삼보님은 한 량없어 일일이 두루 하시고 일일이 모든 곳에서 자비를 드리우사 법회에 광림하소서. 공손히 증명을 청하오며 함께 공양하시기를 바라옵니다.

香花請 [삼설]
향 화 청

歌詠
가 영

威光遍照十方中 月印千江一切同[20]
위 광 편 조 시 방 중 월 인 천 강 일 체 동
四智圓明諸聖士 賁臨法會利群生
사 지 원 명 제 성 사 분 림 법 회 이 군 생

위신의 광명이 시방에 두루 비춰
천강에 비친 달은 본래 하나
네 지혜 두루 밝은 성사들은
법회에 임해 중생을 이롭게 하시네.

---

20) 현재 삼보통청에 가영으로 활용되는 "佛身普遍十方中 三世如來一體同 廣大願雲恒不 盡 旺洋覺海妙難窮"은 불보가영이므로 『산보범음집』(의총2, 609하) 소재 삼보도가영 을 채택한다.

故我一心歸命頂禮 [반절]
고 아 일 심 귀 명 정 례

저희 이제 일심으로 절합니다.

[獻座偈 · 茶偈 · 勸供]
헌 좌 게   다 게   권 공

가영의 2구 일체동에서 체자가 몸 體자와 온통 切자가 혼용되고 있다. 一體가 더 적의하다고 보인다. 다음은 헌좌게와 다게, 권공을 봉행한다.

預修薦王通儀
예 수 천 왕 통 의

　'예수천왕통의'는 열 분 염라 왕들과 그 권속에게 이어서 천신하여 미리 닦는 의식이라는 뜻이다. 명부의 열 분 왕에게만 천신하는 것이 아니고 그 권속에게도 천신 공양을 빠뜨려서는 안 된다는 의미를 강조하기 위해 전통적으로 『예수의문』 앞이나 뒤에 편찬해 놓고 있다.

　예수천왕통의의 천자는 천신(薦新)이고 왕은 시왕을 의미하며, 통의라는 것으로 볼 때 시왕과 그 권속 한 분 한 분에게 통으로 이어서 천신하는 의식을 강조하고 있다. 원문 번역을 본문으로 제시한다.

장육암(藏六庵) 육화(六和) 지음

　명도전(道傳)의 설명이다. "유사대국(游沙大國)에 병사(瓶沙: 빔비사라)라는 왕이 있었다. 당시 나이 15세에 왕 위에 올라 25년간 시왕(十王) 앞에 생전예수시왕칠재를 49차례나 올렸다. 온갖 공양 거리를 갖추어 어느 것 하나 깨끗하고 엄숙하게 하지 않은 것이 없었다. 그러다가 갑자(甲子)년 12월 초여드렛날 경신(庚申)일 밤중에 갑자기 저승세계에서 푸른 옷을 입은 사자 한 사람과 누런 옷을 입은 아홉 사람이 왕궁(王宮)에 들어와서 왕의 이름을 불렀다.

　그때 왕은 깜짝 놀라 기절하고 말았다. 어디로 도망하여 숨을 방법도 없었다. 저승사자 아홉 사람이 왕을 붙들어 매고 법식대로 데리고 갔다. 저승으로 끌려가던 길에, 풀이나 나무는 하나도 나지 않고, 마치 눈 덮인 것처럼 하얗게 된 산을 보았다. 너무도 이상했다. 대왕이 저승사자에게 그 까닭을 물었다.

저승사자가 대답하였다. "이것은 남섬부주 세계의 사람들이 시왕 전에 예수재를 올리거나, 돌아가신 사승(師僧)과 부모, 형제와 자매들을 위하여 명부의 왕 앞에 재를 베풀며, 죽은 이의 영혼이 복의 과보를 받게 해달라고 도움을 청하면서 명부의 왕에게 바친 돈인데, 파손된 돈을 가려내지도 않고, 또 돈 만드는 법에 의지해서 만들지도 않은 채 명부의 왕에게 바친 돈이라 명부의 왕이 받지 않고 이곳에 내다 버린 것이다. 그 돈이 쌓이고 쌓여 산을 이룬 것이다."

대왕은 그 말을 듣고 다시 걸어가서 저승세계에 들어갔다. 좌우(左右)를 돌아보니 무수히 귀신들이 많았다. 어금니가 칼을 세워 놓은 것처럼 날카로운 귀신도 있었고, 입이 마치 피를 담아놓은 항아리 같기도 한 귀신도 있었다. 또 눈이 세 개, 혹은 눈이 네 개 달린 귀신들도 있었다. 형상이 백천 가지나 되었다. 왕은 이 모습을 보고 담력을 잃어 차마 더 볼 수가 없었다. 이윽고 귀졸(鬼卒)들이 대왕을 잡아 어떤 옥(獄)에 가두었다.

대왕이 명부의 담당 관리에게 아뢰었다. "나는 왕위에 오른 이후로는 바른 법으로 나라를 다스리고 악한 업(業)은 조금도 행하지 않았으며 오직 착한 업만 지었는데, 무슨 죄가 있기에 이렇게 잡혀서 감옥에 갇힌 채 이런 고통의 과보를 받는 것입니까?"

절규하며 큰 소리로 이렇게 울부짖자 명부의 관리가 대답하였다. "대왕은 성심으로 시왕을 공양하기를 49차례나 하였는데, 시왕들이 감히 대왕의 은혜를 배신하리오. 다만 종관(從官) 권속들은 대왕의 공양을 얻지 못해 마음속으로 대왕 돌아오기만을 기다리고 있었소. 그래서 대왕에게 이런 고통을 겪게 하는 것이오."

대왕이 다시 아뢰었다. "세상에는 종관의 이름이 본래부터 없어 범부들이 알지 못해 초청하지 못한 것일 뿐입니다. 이는 유독 죄인만의 과실이 아닙니다. 명부의 관리께서는 중생들을 불쌍히 여기시어 저에게 그분들의 이름이 적힌 목록을 주시고, 죄인이 드리는 말씀을 인정해 주십시오. 그렇게만 해주신다면 본국으로 돌아가서 세상에 널리 전해 숱하게 많은 미혹한 중생들을 두루 건져주겠습니다. 혹은 또 앞의 규범을 다시 잘 갖추어 종관의 권속들까지 모두 배열해 놓고 그들에게도 낱낱이 공양을 올리고, 낱낱이 예배(禮拜)할 것이며, 용이(容易)하다는 생각을 내지 않으며, 마음을 깨끗이 하고 창자를 씻어내어 마침내 이 목숨이 다할 때까지 존중하고 공경하겠습니다."

명부의 관리가 대왕의 소원을 들어주어 그 목록이 세상에 널리 전해져서 어리석은 사람들을 경책하고 깨우쳐 주게 되었다. 그 목록은 세상에 서로 전해져서 그 법을 기준으로 하여 재회를 올리게 되어 명부 관리에게 당하는 죄를 면할 수 있게 되었다. 대왕은 다시 돌아와 갑절이나 더 정진(精進)하여 십선(十善)을 닦고 백 년 동안 임금의 자리를 지키면서 공양을 풍만하고 엄숙하게 올렸고, 의식 절차를 조심스레 살펴서 하나하나 불러 초청하였다. 『예수경(預修經)』에 의거해서 한 달에 두 번 공양을 올렸다. 왕은 그렇게 행하기를 백 년을 채웠다. 그리하여 그가 목숨을 마칠 무렵에는 선정(禪定)에 들어 신(神)으로 도솔천(兜率天)에 올라가서 직접 큰 성현을 뵈옵고 친히 법요(法要)를 듣고 수다원과(須陀洹果)를 얻었다.

대왕이 명부에서 받았다고 하는 목록 259위에 대해서는 모두 뒤에 갖추어 기록하였다. 지장 대성을 상수로 하여 여섯 천조(天曹), 도명(道明)과 무독(無毒), 육대천왕(六大天王)과 명부(冥府)의 시왕(十王), 26판관(判官)과 삼원장군(三元將軍), 선악이부동자(善惡二簿童子)와 37귀왕(鬼王), 감재사자(監齋使者)와 직부사자(直府使者), 호법정신(護法淨神)과 토지영관(土地靈官), 이상 97위와 시왕 각부마다 162위를 합하여 259위이다. 나[육화]는 개인적으로 이렇게 주장한다. 종관은 실제로는 164위이다. 추혼사자(追魂使者)로부터 일체 사지에 이르기까지 11위를 더 추가하였으니, 이를 다 합하면 272위가 된다.

또 다른 책에는 이렇게 기록되어 있다. "명부의 관리가 말했다. '왕은 세 가지 종관을 모셔놓고 있으면서 어찌하여 공양은 마련하지 않았는가?' 대왕이 대답했다. '그 세 가지 종관의 명목(名目)을 주십시오. 본국으로 가지고 돌아가서 다시 공양을 올리겠습니다' 그러자 명부의 관리가 말했다. '종관의 나열된 이름은 『염라왕수기경(閻羅王受記經)』을 보시오.' 그리고 그를 놓아주었다. 왕이 본국에 환생(還生)하여 초하루마다 한 번씩 공양을 올렸다. 그렇게 하면서 125년 동안 왕의 자리를 유지하였다.(운운)"

그렇지만 나의 견해는 이렇다. 대장경에는 『염라왕수기경』이 없고, 오직 『예수경(預修經)』1권만 있을 뿐인데 이 경에도 본래 시왕의 권속들에 대한 명목은 없다. 그렇다면 이 책을 개판(開板)한 사람이 병사왕(瓶沙王)이 받아온 명목에 이 경을 첨입(添入)한 것이 아닌가 한다.

만력(萬曆) 4년 병자(丙子, 1576) 5월 일 경상도(慶尙道) 안동지(安東地) 학가산(鶴駕山) 광흥사(廣興寺) 개판(開板).

주상전하의 수명 만세를 누리시고 왕비 전하도 그 수명 전하와 같아지이다.

預修十王生七齋儀式
예 수 시 왕 생 칠 재 의 식

　이제 본격적으로 예수시왕생칠재의식이 시작된다. 본문은 松堂
野衲 大愚가 집술하였다고 하는데 대우 스님에 대한 명확한 기록은
아직 확인되지 않고 간기와 알려진 대우 스님과의 생몰 차이가 심하
다. 통서인유 이전에 다시 변재 상주삼보를 청하는 의식을 거행한
다. 전통적으로 '운수상단'이라고 부르던 의식이다. 상주삼보의 예수
재회를 아뢰는 의식은 예수재 본 의문의 주향통서편 주향공양편까
지 이어진다. 이어 예수재에 공양을 받을 분들에게 청첩장을 전하는
의식이 행해진 이후에 예수재의 상단의식이 전개된다. 예수재 상상
단에는 법신 보신 화신의 삼신불을 청하는 의식이 이어지는데, 예수
시왕생칠재의의 대본에 의하면 예수재의 상단은 삼신번으로 법당에
차려진다. 상중단에는 시왕의 중앙에 지장보살을 머리로 하여 용수
보살 · 세음보살 · 상비보살 · 다라니보살 · 금강장보살이 청해지고,
삼신불의 화신과 지부대신천조, 태산부군천조 등도 증명을 위해 청
해지며, 도명존자와 무독귀왕도 공덕을 증명하기 위해 청해 모신다.
상하단에는 범석제천과 사방천왕을 청해 공덕을 증명받는다. 각 성
현을 청해 모셔놓고 차를 올린 다음 성현들에게 목욕 의식을 제공한
다. 그 뒤에 중단의 명부 여러 왕과 권속을 청하게 된다.

喝香 ²¹⁾
할 향

一片梅檀沒價香 須彌第一最高岡
일 편 전 단 몰 가 향　수 미 제 일 최 고 강

六銖通遍熏沙界 萬里伊蘭一樣香
육 수 통 변 훈 사 계　만 리 이 란 일 양 향

값을 매길 수 없는 한 개비 전단향
수미산 제일봉의 높이로 퍼지고
육수 향은 항하사 세계에 배니
만 리의 이란향도 하나가 되네.

시간이 되면 삼등게와 삼귀의를 하고 바쁠 때는 연향게송만 하고
진행한다. ²²⁾ 여기서 이란향은 이란 국에서 나는 향으로 아주 나쁜
향이라고 하는데, 그 향기까지 이 일편 향기로 배게 한다는 것이다.

燃香偈
연 향 게

戒定慧解知見香 遍十方刹常氛 ²³⁾馥
계 정 혜 해 지 견 향　변 시 방 찰 상 분　복

願此香煙亦如是 熏現自他五分身
원 차 향 연 역 여 시　훈 현 자 타 오 분 신

계향, 정향, 혜향, 해탈향, 해탈지견향이
시방세계 두루 퍼지니 언제나 향기롭네.
이 향 냄새 또한 이와 같아
저희에게 스며서 오분법신으로 나타나게 하소서.

---

21) 『범음산보집』(한불전11, 478중).
22) 『범음산보집』(한불전11, 476중). 연향게 연등게 서찬게의 삼계를 다하지 않고 연향게
　　만을 할 때 연향게를 삼등게라고 표현하는 예가 있다.
23) 현재 芬으로 나오고 있으나 『작법귀감』 등 고본에는 氛자가 더 많이 나오고 있음.

三至心²⁴⁾
　삼 지 심

至心歸命禮 十方常住一切 佛陀耶衆
지 심 귀 명 례 　시 방 상 주 일 체 　불 타 야 중

至心歸命禮 十方常住一切 達摩耶衆
지 심 귀 명 례 　시 방 상 주 일 체 　달 마 야 중

至心歸命禮 十方常住一切 僧伽耶衆
지 심 귀 명 례 　시 방 상 주 일 체 　승 가 야 중

지극한 마음으로 시방에 항상 계시는 일체 붓다께 절합니다.

지극한 마음으로 시방에 항상 계시는 일체 가르침에 절합니다.

지극한 마음으로 시방에 항상 계시는 일체 스님들께 절합니다.

唯願 慈悲哀愍 受我頂禮²⁵⁾
유 원 　자 비 애 민 　수 아 정 례

자비로서 불쌍히 여겨 저희의 절을 받아주소서.

　合掌偈
　합 장 게

合掌以爲花 身爲供養具
합 장 이 위 화 　신 위 공 양 구

誠心眞實香²⁶⁾ 讚嘆香烟覆
성 심 진 실 향 　찬 탄 향 연 부

두 손 모으니 꽃이 되고

---

24) 『지반문』의 "지심귀명례 시방법계 제불법승 상주삼보"로 한 번 절하는 형식을 지반 지
　심이라고 한다.

25) 『지반문』의 지심에서는 유원 구절은 없다. 사물을 치며 대중은 요잡을 하고 바라를 울
　리고 개계소를 읽고 합장게를 한다.

26) 이성운, 〈법보신문〉(2013.1.23일자) 불교의례의 미학(2) 〈합장으로 올리는 꽃 공양〉.
　향자로 나오는 본은 『작법귀감』에도 '善心眞實香'(『한의총』 3, 375하)으로 나온다.

이 몸은 공양구가 되네.
정성스런 마음에 우러나오는 진실한 향이
온 세계 덮음을 찬탄합니다.

합장게 3구의 성심진실향은 『오종범음집』(HD12 159중) 이래 '상
(相)'으로 나오지만 『영산대회작법절차』(1636, KR2 130하)의 원자인
'향(香)'이 의미상 부합된다고 생각한다. 그래야 다음 구절의 향연
의 조건이 성립되기 때문이다.

告香偈
고 향 게

香烟遍覆三千界 定慧能開八萬門
향 연 변 부 삼 천 계　정 혜 능 개 팔 만 문

唯願三寶大慈悲 聞此信香臨法會
유 원 삼 보 대 자 비　문 차 신 향 임 법 회

향 연기 삼천세계 덮고 정향 혜향은 팔만사천법문을 여시오니
자비하신 삼보시여, 향으로 올리는 말씀 들으시고 법회에 임하소서.

이렇게 시방에 항상 계시는 삼보님께 향으로 전한 다음 경례하고
이어서 합장으로 삼보의 강림을 청한 다음 예수재의 본문인 통서인
유를 아뢴다. 청련사 『예수재의문』은 원문의 '편'자나 편번호 '제일'
등을 표기하지 않는다. 그것은 예수재나 수륙재의 경우 원본을 절차
에 따라 상주상단, 관음청과 쇄수, 각 위의 가영 등이 보완된 편집된
본에 의거해서 실행하는 현실을 반영하였기 때문이다.

通叙因由[27]
통서인유

盖聞 如來臨入涅槃 開 建生七之大軌 瓶沙卽登
개문 여래림입열반 개 건생칠지대궤 병사즉등

寶位 預修十王之眞儀 由是 法筵無滯 含識有依
보위 예수시왕지진의 유시 법연무체 함식유의

賢愚貴賤之徒 爲 存亡而大布弘持 牢獄幽沈之輩
현우귀천지도 위 존망이대포홍지 뇌옥유침지배

蒙 悲澤而息苦停酸 可謂 慈雲廣被 法雨遐霑 其
몽 비택이식고정산 가위 자운광피 법우하점 기

利濟也 喩之莫論 其獲益也 算之奚窮 非唯一身
이제야 유지막론 기획익야 산지해궁 비유일신

獨超三界 亦乃 福資四生 恩霑九有[28] 此之大事
독초삼계 역내 복자사생 은점구유 차지대사

實 不可議
실 불가의

대략 들었습니다. 여래(如來)께서 열반(涅槃)에 드시려고 할 즈음에 살아서
일곱 번 지내는 재(齋)에 대하여 큰 법칙을 세우셨다. 병사왕(瓶沙王 : 빈비
사라왕)이 보위(寶位 : 왕위)에 올라서 미리 시왕(十王)에게 참다운 의식을 올
렸다.

이러한 연유로 인하여 법회의 자리를 여는 데 장애가 없어졌고 모든 중
생[含識]들이 의지할 수 있게 되었다. 어질거나 어리석거나 귀하거나 천
한 무리들은 이 살아 있을 때에 죽었을 때를 위해 크게 베풀고 널리 지니
게 하였고, 어두운 지옥에 빠지는 무리들은 대비(大悲)의 은택을 입어 괴
로움이 그치고 쓰라린 고통을 멈추게 하였으니, 이는 자비의 구름이 널
리 은혜를 입힌 것이요 법의 비가 멀리까지 적신 것이라 말할 만하다.

그러니 이 법이 저 중생들을 유익하게 함은 어떤 비유를 들어도 논할 수
없고, 저 중생들이 이익을 얻음은 아무리 헤아려도 다할 수 없다. 오직

---

27) 법주는 요령을 한 번 내리고 "통서인유"를 읽는다.
28) 『한의총』2집, 67상쪽에는 九有로 등장한다.

그 한 몸뿐만 유독 삼계를 뛰어넘는 것이 아니고, 또한 그 복도 사생(四生)[29]들의 복된 자량(資糧)이 되고, 구유(九有)[30]를 은혜로이 적시셨으니, 이와 같은 큰 일은 실로 이루 논하여 다 말할 수 있는 게 아니다.

是日 [夜] 卽有大檀信 [祝願] 現增福壽
시 일　야　즉 유 대 단 신　　　현 증 복 수
當生淨刹之願
당 생 정 찰 지 원

오늘 낮[밤]에 곧 큰 시주[大檀信] [축원] 현재 세계에서는 수명과 복이 늘어나고, 미래에는 깨끗한 세계[淨刹]에 태어나고자 하는 원을 위하여

式 遵 科 儀　預 修 十 王 生 七 之 齋　以 今 月 今 日
식 준 과 의　예 수 시 왕 생 칠 지 재　이 금 월 금 일
就 於 (某寺) 以 大 信 心　發 菩 提 願 捨 世 間 之 珍 財 建
취 어　모사　이 대 신 심　발 보 리 원 사 세 간 지 진 재 건
冥 王 之 勝 會　食 陳 百 味　法 演 三 乘　伏 願　大 聖 大 慈
명 왕 지 승 회　식 진 백 미　법 연 삼 승　복 원　대 성 대 자
三 身 大 覺　大 權 大 化　諸 位 冥 君　俯 賜 加 持　悉 令 圓 滿
삼 신 대 각　대 권 대 화　제 위 명 군　부 사 가 지　실 령 원 만

법식에 맞는 의례를 따라 미리 시왕 앞에 살아서 7재를 올리고자 금월(今月) 아무 날 아무 사찰에 나아가 큰 신심(信心)을 가지고 보리(菩提)의 서원을 발하여 세간에서 아주 귀중하게 여기는 재물을 바쳐 명부(冥府) 시왕

---

29) 사생(四生)태어나는 방법에 따라 생명의 형태를 분류한 것. 태로 태어나는 것, 알로 태어나는 것, 습기에 의해 태어나는 것, 화학적 또는 변화하여 태어나는 것의 네 가지.

30) 구유(九有)구지(九地). 욕계·색계·무색계 등의 3계를 9지로 분류한 것. ① 욕계오취지(欲界五趣地), ② 이생희락지(離生喜樂地), ③ 정생희락지(定生喜樂地), ④ 이희묘락지(離喜妙樂地), ⑤ 사념청정지(捨念淸淨地), ⑥ 공무변처지(空無邊處地), ⑦ 식무변처지(識無邊處地), ⑧ 무소유처지(無所有處地), ⑨ 비상비비상처지(非想非非想處地). 9유정거의 줄임말. ⇒ 구유정거(九有情居).

(十王)의 수승한 법회를 건립하고, 온갖 맛있는 음식을 진열하고, 삼승(三乘)의 법을 연설하나이다. 엎드려 바라오니 매우 거룩하시고 크게 자비하신 삼신(三身)[31]의 대각(大覺 : 붓다)과 큰 방편과[大權]으로 중생을 크게 교화하는 여러 위치에 계신 명부의 군왕(君王)께서는 굽어 가지(加持)[32]를 베푸시어 모든 것이 원만해지게 하소서.

淨三業眞言[33]
정 삼 업 진 언
옴 사바바바 수다살바 달마 사바바바 수도함 [삼설]

戒度塗掌眞言
계 도 도 장 진 언
옴 아모가 자라미망기 소로소로 사바하 [삼설]

三昧耶戒眞言
삼 매 야 계 진 언
옴 삼매야 살따 밤 [삼설]

통서인유를 아뢴 다음 개계소를 하는 경우도 있으나 『예수재의문』에서는 신편한 운수상단에서 개계소를 먼저 아뢰었으므로 여기서는 바로 엄정팔방으로 들어간다.

---

31) 삼신(三身)은 불신을 그 성질상으로 보아 셋으로 나눈 것으로서 ① 법신(法身). 법은 영겁토록 변치 않는 만유의 본체, 신은 적취(積聚)의 뜻으로, 본체에 인격적 의의(意義)를 붙여 법신이라 하니, 빛깔도 형상도 없는 이불(理佛). ② 보신(報身). 인(因)에 따라서 나타난 불신. 아미타불과 같음. 곧 보살위(菩薩位)의 수행을 견디고, 정진 노력한 결과로 얻은 영구성이 있는 유형(有形)의 불신. ③ 화신(化身 : 應身). 보신불을 보지 못하는 이를 제도하기 위하여 나타나는 불신.

32) 가지(加持)ⓢ adhihna 지슬미낭(地瑟妮曩)이라 음역. 가(加)는 가피(加被), 지(持)는 섭지(攝持)의 뜻. ① 붓다의 큰 자비가 중생에게 베풀어지고, 중생의 신심(信心)이 붓다의 마음에 감명되어 서로 어울림. ② 붓다의 3밀(密)의 연(緣)에 의하여 중생의 3업(業)을 밝히는 것. ③ 붓다의 가피력을 입어, 병·재난·부정·불길 등을 없애기 위하여 수행하는 기도법.

33) 각 진언 끝에 '왈(曰)'이 등장하지만 현행 관습을 따라 생략한다.

嚴淨八方 [開啓]
엄 정 팔 방   개계

詳夫 聖壇旣啓 佛事方陳 將 法水以加持 灑
상부 성단기계 불사방진 장 법수이가지 쇄

道場而淸淨 蕩諸穢汚 祛衆魔邪 凡 隨禱而感通
도량이청정 탕제예오 거중마사 범 수도이감통

在所求而成就 下有灑淨護魔陀羅尼 謹當宣念[34)
재소구이성취 하유쇄정호마다라니 근당선념

자세히 살펴보면, 성단(聖壇)은 이미 열렸고, 불사는 바야흐로 펼쳐졌습니다. 장차 법수로써 가지하여 도량에 뿌려서, 깨끗이 씻는 '법수'가 더러움에 이르면 갖가지 마귀와 삿됨은 멀어집니다. 무릇 빌며 감응이 통하고, 구하며 이뤄지게 됩니다. 아래의 쇄정호마다라니를 삼가 염송하소서.

나무 사만다 못다남 옴 호로호로 지따지따 반다반다

하나하나 아니제 훔바락 [삼설]

팔방을 깨끗하게 하는 의식인 엄정팔방 이후에 관음보살의 대비신주를 청하는 복청게와 천수, 이후의 쇄수, 그리고 사방에 물뿌려 청량해짐을 찬탄하는 사방찬, 도량게, 참회게를 하고 법문을 하는데, 이때 수륙재 법문이 중심이다.

그런데 사실은 엄정팔방의 쇄정호마다라니를 염송하고 동북방에서 우요하며 쇄수를 하였으므로 복청게 등은 중복적이라고 할수 있다. 대비주를 간략히 한 것이 쇄정호마다라니라고 할 수 있기 때문이다.

---

34) 『산보범음집』(의총2, 609하)에는 이후 중번은 관음찬과 청을 한 다음 가영을, 삼번은 법당에 들어가 걸수와 쇄수게를 하라고 하고 있다. 법당, 뜰, 마당의 삼변정토라고 할 수 있다.

開壇眞言
개 단 진 언
옴 바이라 노아로 다가다야 삼마야 바라베 사야 훔 [삼설]

建壇眞言
건 단 진 언
옴 난다난다 나지나지 난다바리 사바하 [삼설]

많은 본들이 개단진언, 건단진언의 순서로 편집되어 있다. 그렇지만 의미상이나 고본에 의하면 건단진언 이후에 개단진언을 하는 것이 적의하다고 할 수 있다.[35]

結界眞言
결 계 진 언
옴 마니 미야예 다라다라 훔훔 사바하 [삼설]

결계(結界)를 완성하였다. 이제 향으로 축원하며 통으로 전하는 차례이다.

---

35) 『석문의범』에는 개단 · 건단진언 순서이나 『중례문』(의총2, p.218상)과 『법계성범수륙승회수재의궤』(의총1, p.583)의 차서는 건단 · 개단진언 순서이다.

呪香通序 [사뮨]
주 향 통 서

切以 百和氤氳 六銖馥郁 纔爇一爐之上 普熏諸
절이 백화인온 육수복우 재설일로지상 보훈제

刹之中 結 瑞靄以爲臺 聚 祥煙而作盖 爲雲爲雨
찰 지 중 결 서 애 이 위 대 취 상 연 이 작 개 위 운 위 우

興福興祥 十方諸聖 無不聞 三有衆生 無不度 今
흥 복 흥 상 시 방 제 성 무 불 문 삼 유 중 생 무 부 도 금

者焚香 有 陀羅尼 謹當宣念 願令普熏 遍周沙界
자 분 향 유 다 라 니 근 당 선 념 원 령 보 훈 변 주 사 계

가만히 생각해 보니, 백화(百和)는 기운이 성하고 육수(六銖)는 향이 향기로우니 향로 위에 잠깐 사르면 여러 붓다님 나라에 널리 향 연기 피어올라 상서로운 아지랑이 맺어져 그것이 상서로운 연기의 대의 무리가 되고 보개가 되고 구름이 되고 비가 되어 복과 상서를 일으키니, 시방에 듣지 못하는 성인이 없으시고, 삼계에 건너지 못하는 중생이 없습니다. 이제 향을 사르는 데 쓰이는 다라니가 있으니 삼가 염송하여 널리 펼쳐지고 항하사 세계에 널리 두루 하여지기를 발원하십시오.

焚香眞言
분 향 진 언

옴 도바시계 구로바아리니 사바하 [삼설]

呪香供養
주 향 공 양

戒香 定香 慧香 解脫香 解脫知見香 光明雲臺
계 향 정 향 혜 향 해 탈 향 해 탈 지 견 향 광 명 운 대

周徧[36] 法界 供養十方無量佛 供養十方無量法
주 변 법 계 공 양 시 방 무 량 불 공 양 시 방 무 량 법

---

36) 『한의총』2집, 68상쪽에는 '徧'으로 등장한다.

供養十方無量僧 又復供養十方無量眞宰 三界一
공양시방무량승 우부공양시방무량진재 삼계일
切萬靈 伏願 見聞普熏證常樂 法界衆生亦如是
체만령 복원 견문보훈증상락 법계중생역여시
摩訶般若波羅蜜
마하반야바라밀

계향 정향 혜향 해탈향 해탈지견향이여, 광명의 구름대로 법계에 두루
펴져서 시방의 다함없는 일체의 삼보님께 공양합니다. 시방의 다함없는
일체의 진재(천신)와 천지 명양의 성중과 허공과 물과 뭍에 사는 유정들
께 공양하오니, 널리 펼쳐지는 이 향의 훈기를 보고 (저희들의 신심으로 아뢰
는 소리를) 들으시고 늘 안락을 증득하고, 법계 중생도 그렇게 되기를 엎
드려 바라나이다. 마하반야바라밀.

결계를 마친 이후 향으로 축원하고 이어서 아뢰는 서문을 하였고,
다시 헌향공양으로 마침으로써 예수재 도량의 건립은 끝나게 된다.
이제 예수재에서 공양을 드릴 상위의 증명단과 시왕과 그 권속을
청하기 위해 사직사자에게 청첩을 전해달라고 부탁하는 사자단의식
을 한다.

召請使者 · 使者奉送
소 청 사 자 사 자 봉 송

　사자(使者)는 명령을 전하는 이들인데, 불교 재회는 산 사람뿐만 아니라 불보살과 신중과 법계 고혼까지 널리 청해 공양을 올리는 재연(齋筵)이므로, 그분들에게 소식을 전하는 사자를 청해 공양을 권하고 부탁하는 의식을 치르게 된다. 이때 사자는 사천사자, 공행사자, 지행사자, 염마사자로, 그림으로 그린 탱화로 단에 걸어놓고 공양을 진설한 다음 진행한다.

　중국 등의 재회에서는 말을 탄 사자를 직접 조성하기도 하나 우리의 경우 사자단에 올린 불화의 사자를 대신하는 위목을 불태워 사자를 각자의 임지로 보내는 의식을 표현하고 있다. 의식은 사자단에서 하는데 종을 3망치 내리고 바라를 울리며 거불을 하고 사자소를 읽고 유치 청사로 사자를 청해 공양을 권하고 청첩을 지니고 각자 전할 세계로 떠나보내며 속히 다녀오라는 봉송 순서로 진행된다. 사자단 의식은 사자의 권공 의식과는 별도로 사자를 태우고 떠날 4필의 말에 대한 권공이 마구단에서 행해진다. 전통적으로 사자단은 문밖에 마련하고 전마지의(錢馬之儀)도 같이 행한다고 하였다.

召請使者
소 청 사 자

擧佛
거 불

南無 十方常住佛
나 무 시 방 상 주 불

南無 十方常住法
나 무 시 방 상 주 법

南無 十方常住僧
나 무 시 방 상 주 승

使者疏 皮封式
사 자 소 피 봉 식

召請文疏拜獻 四直使者等衆
소 청 문 소 배 헌 사 직 사 자 등 중

釋迦如來 遺教弟子 奉行加持 法事沙門 某謹封[37]
석 가 여 래 유 교 제 자 봉 행 가 지 법 사 사 문 모 근 봉

修設冥司勝會疏[38]
수 설 명 사 승 회 소

聞 金人垂相 示 中土之化身 玉教流慈 愍南洲之劣
문 금 인 수 상 시 중 토 지 화 신 옥 교 류 자 민 남 주 지 열

輩 然 凡情通聖意 況 俗體難造幽關 若欲請召聖
배 연 범 정 통 성 의 황 속 체 난 조 유 관 약 욕 청 소 성

賢 必須假於使者[39]
현 필 수 가 어 사 자

들었습니다. 부처님께서 상(相)을 드리워 중토(中土)에 화신을 보여주시

---

37) 피봉식에는 근첩이 나올 수 없고 '근봉'이라야 적의하다고 할 수 있음.

38) 『예수시왕생칠재의찬요』에는 '소(所)'로 나오나, 여기서는 '소(疏)'로 교정한다. p.17. 주 5) 참조.

39) 옛 『결수문』(한의총1, 644하)에는 '幽開' '雖欲' '必先'이나 『석문의범』에 '幽關' '若欲' '必須'로 나오고 있다. 『결수문』대로 가는 것이 적의하다고 보인다.

고, 옥교(玉敎)를 자비롭게 펴서 남섬부주(南洲)의 용렬한 무리들을 불쌍히 여기십니다. 그러나 범정(凡情)이 어찌 성인의 뜻을 통할 수 있겠습니까. 하물며 속세의 인간은 저승의 관문을 만나서 열기가 어렵습니다. 그래서 성현을 소청하기 전에 먼저 먼저 사자의 힘을 빌려야 할 것입니다.

由是 (祝伏爲) 現增福壽 當生淨刹之願 預修十王生
유시   축복위   현증복수 당생정찰지원 예수시왕생

七之齋[40] 謹命秉法闍梨一員 及 法事僧一壇 以 今
칠지재   근명병법사리일원 급 법사승일단 이 금

月今日 就於(某寺) 開置冥司 十王道場 約一日 (一夜)
월금일 취어 모사 개치명사 시왕도량 약일일   일야

揚幡發牒 結界建壇 式遵科儀 特備冥錢 香花燈燭
양번발첩 결계건단 식준과의 특비명전 향화등촉

茶果珍食 供養之儀 端請
다 과 진 식 공 양 지 의 단 청

(이) 밤에 곧 큰 신심 있는 단월 모인은 [엎드려 무엇을 위해] 삼가 병법(秉法) 아사리(阿闍梨) 한 분과 일단(一壇)의 스님들에게, 금월 금일 모사로 나아가 명사시왕도량을 하루 동안 열어 번(幡)을 달고 첩문(牒文)을 발하여 결계하고 단을 세우고, 법식에 따라 과목의 의례를 준수하여 특별히 명계의 돈을 주비하고 향화(香花) 등촉(燈燭) 다과(茶果) 진식(珍食) 공양(供養)의 의식을 명합니다. 바르게 청합니다.

一心奉請 年直四天使者
일 심 봉 청 연 직 사 천 사 자

一心奉請 月直空行使者
일 심 봉 청 월 직 공 행 사 자

一心奉請 日直地行使者
일 심 봉 청 일 직 지 행 사 자

---

40) 원문의 형식은 由是 아래 "卽有大檀信 某甲[伏爲某事]"이지만 현실을 반영하여 축원을 편제하였다.

一心奉請 時直琰魔使者
일심봉청 시직염마사자

右伏以 聰明正直 捷疾持符 其來也 迅若雷奔
우복이 총명정직 첩질지부 기래야 신약뇌분

其去也 速如電急 威風莫測 聖力難思 不違有命
기거야 속여전급 위풍막측 성력난사 불위유명

之期 允副無私之望 今年今月 今日今時 幸丐[41]神慈
지기 윤부무사지망 금년금월 금일금시 행개 신자

同垂光降 仰惟
동수광강 앙유

위에서처럼 다시 생각하오니, 총명하고 정직한 첩질 지부사자는 오실 때
는 우레같이 빨리 오시고 가실 때는 번개처럼 급하게 가시니, 위풍은 측
량할 수 없으니, 명을 받은 시간은 어기지 않으며 도와주기만 할 뿐 사사
로운 바람은 없으십니다. 금년 금월 금일 금시에 다행히 신통력과 자비
를 빌어 다 함께 광림하여 주시기를 우러러 바라오니

至德 俯察愚衷 謹疏
지덕 부찰우충 근소

지극한 덕장이시여, 저희의 충정을 굽어살피십시오.
삼가 글월 올리나이다.

某年 某月 某日 疏 秉法沙門 某 押
모년 모월 모일 소 병법사문 모 압

앞에서도 잠시 언급하였는데 현행 소문의 형식은 병법사문 근소

---

41) 옛 『결수문』(한의총1, 645상)에는 빌 '丐'이나 『석문의범』에 '乞'자 변형되어 있다. 『결수
문』대로 가는 것이 적의하다고 보인다.

라고 되어 있지만 '소' 이후 '병법사문 모압'의 『결수문』 형식이 의미
상 부합된다고 보인다. 그리고 소 본문도 『결수문』 형식에 따라 개행
과 띄어쓰기한 다음 번역하였다.

振鈴偈
진 령 게

以此振鈴伸召請 四直使者願遙知
이 차 진 령 신 소 청　사 직 사 자 원 요 지

願承三寶力加持 今日 (夜)今時來赴會
원 승 삼 보 력 가 지　금 일　야　금 시 래 부 회

요령 울려 두루 청하니, 오늘 부른 사직사자들은 듣고 아시고
삼보님의 가지 힘에 의지하여 오늘 낮(밤) 지금 재회에 오소서.

召請使者眞言
소 청 사 자 진 언

옴 보보리 가다리 이라가다야 사바하 [삼설]

由致
유 치

切以 無功曰道 不測曰神 神而化之 變通罔極
절 이　무 공 왈 도　불 측 왈 신　신 이 화 지　변 통 망 극

恭惟 四直使者 神功浩浩 聖德巍巍 執冥界之符文
공 유　사 직 사 자　신 공 호 호　성 덕 외 외　집 명 계 지 부 문

作人間之捷使 往返斯須 廻旋頃刻 記四洲善惡之多少
작 인 간 지 첩 사　왕 반 사 수　회 선 경 각　기 사 주 선 악 지 다 소

奏十殿冥王之聖聰 秋毫不忒 正直無邪 若不假於威神
주 십 전 명 왕 지 성 총　추 호 불 특　정 직 무 사　약 불 가 어 위 신

誰能達於至聖
수 능 달 어 지 성

가만히 생각해 보니, 공(功)이 없음을 도(道)라 하고 측량할 수 없음을 신
(神)이라 하나, 신통하게 조화하여 변통이 그지없습니다. 삼가 생각하오
니, 사직사자님은 위력과 공력이 크고 넓으며, 거룩한 덕이 높습니다. 명
계에 보내는 문서를 가지고 인간세계의 첩사가 되어 순식간에 명부세계
를 왔다가고 경각에 돌아오며, 사주(四洲) 존재들의 선악의 많고 적음을
기록하여 시왕전의 명왕님들께 성총에 아룀에 추호의 어긋남도 없고 정
직하여 삿됨이 없습니다. 사자의 위신을 빌지 않는다면 어느 누가 지극
한 성인들에게 전달할 수 있겠습니까.

由是 卽有 大韓民國 （何道何郡 祝願 伏爲） 現增福壽
유 시 즉 유 대 한 민 국　　하 도 하 군 축 원 복 위　　현 증 복 수
當生淨刹之願 式遵科儀 嚴備冥錢 預修十王生
당 생 정 찰 지 원　식 준 과 의　엄 비 명 전　예 수 시 왕 생
七之齋 以今月今日 就於［某寺］ 水月道場 廣列
칠 지 재　이 금 월 금 일　취 어　모 사　　수 월 도 량　광 열
香花 先爲供養 伏願 俯降香壇 滿慰壇那之願
향 화　선 위 공 양　복 원　부 강 향 단　만 위 단 나 지 원
來臨法會 克符利濟之心 前伸讚語 次展請詞
내 림 법 회　극 부 이 제 지 심　전 신 찬 어　차 전 청 사
謹秉一心 先陳三請
근 병 일 심　선 진 삼 청

이러함으로 대한민국 (하도 하군 축원 복위) 현생에는 복과 수명이 늘어나
고 내생에는 정토에 왕생하고자 의식은 과목과 의문에 따라 엄격히 명
계의 돈을 준비하고 예수시왕생칠지재를 위해 삼가 금월 금일에 모사
수월도량으로 나아가 널리 향화를 벌여놓고 먼저 공양 올립니다. 엎드
려 향단에 내리시어 단월의 소원을 위로하고 채워주소서. 법회에 오시
어 중생들을 이롭게 하고 제도하는 마음에 부합하기를 바라옵니다.. 앞
에서 찬사를 펼치고, 다음에 청사를 합니다. 삼가 일심으로 먼저 삼청
펼칩니다.

一心奉請 神通自在 威德難量 監齋直府
일 심 봉 청 신 통 자 재 위 덕 난 량 감 재 직 부
四直使者等 唯願承三寶力 降臨道場 受此供養
사 직 사 자 등 유 원 승 삼 보 력 강 림 도 량 수 차 공 양

일심으로 받들어 청합니다. 신통이 자재하고 위덕이 한량없는 감재사자 직부사자 사직사자님들이여, 삼보님의 힘을 입어 도량에 강림하여 공양을 받으소서.

香花請 [삼설]
향 화 청

歌詠
가 영
分將報牒應群機 百億塵寰一念期
분 장 보 첩 응 군 기 백 억 진 환 일 념 기
明察人間通水府 周行迅速電光輝
명 찰 인 간 통 수 부 주 행 신 속 전 광 휘

첩보를 나눠 가지고 군기에 응하여 백억의 세계에 한 순간에 알리네. 인간세계와 수부를 밝혀 살피시고 번개처럼 신속히 두루 전하소서.

故我一心歸命頂禮 [반절]
고 아 일 심 귀 명 정 례

저희 이제 일심으로 절합니다.

安位供養
안 위 공 양

盖聞 威風挺特 神變難思 應施主虔恪之心
개 문 위 풍 정 특 신 변 난 사 응 시 주 건 각 지 심

赴願言貴臨於會 如是使者 已屆道場 大衆虔誠
부 원 언 분 림 어 회 여 시 사 자 이 계 도 량 대 중 건 성

諷經安座[42]
풍 경 안 좌

대개 들었습니다. 위풍이 빼어나게 특출하고 신통변화는 측량하기 어렵습니다. 시주님의 정성 다한 마음에 호응하여 서원하는 말씀을 따라 법회에 왕림하소서. 이와 같이 사자님들이 도량에 이미 이르셨으니 대중이 삼가 정성으로 경전을 염송하오니 편히 자리에 앉소서.

獻座眞言
헌 좌 진 언

我今敬設寶嚴座 奉獻四直使者前
아 금 경 설 보 엄 좌 봉 헌 사 직 사 자 전

願滅塵勞妄想心 速圓解脫菩提果
원 멸 진 로 망 상 심 속 원 해 탈 보 리 과

제가 이제 경건히 보배로 자리를 장엄하고 사직사자님께 바치오니
번뇌와 망상심을 없애고서 속히 해탈 보리과를 원만하게 하소서.

옴 가마라 승하 사바하 [삼설]

---

42) 심경 일편하며 공양을 차린다.

淨法界眞言
정법계진언

옴 람 [삼설]

茶偈
다게
以此清淨香雲供 奉獻四直使者衆
이 차 청 정 향 운 공 봉 헌 사 직 사 자 중
鑑察檀那虔懇心 願垂慈悲哀納受
감 찰 단 나 건 간 심 원 수 자 비 애 납 수

청정한 향긋한 공양을 사직사자님께 올립니다.
단월의 정성어린 마음 살피셔서, 자비로써 불쌍히 여겨 받으옵소서.

차와 공양을 올린 다음 '향수나열' 이하는 사다라니 표백과 사
다라니와 상래가지 하며 오공양을 시작한다.

五供養
오공양
上來 加持已訖 供養將陳 以此香羞 特伸供養
상 래 가 지 이 흘 공 양 장 진 이 차 향 수 특 신 공 양

위에서 가지를 마쳤으니 공양하려고 합니다. 이 향긋한 음식으로 특별히
공양을 펴옵니다.

香供養 燃香供養 燈供養 燃燈供養
향 공 양 연 향 공 양 등 공 양 연 등 공 양

[향공양] 향을 사라 공양하오니 [등공양] 등을 밝혀 공양하오니

茶供養 仙茶供養 果供養 仙果供養
다 공양 선다 공양 과 공양 선 과 공양

[다공양] 신선계의 차로 공양하오니 [과공양] 신선계의 차로 공양하오니

米供養 香米供養
미 공양 향 미 공양

[미공양] 향미로 공양하오니

唯願 四直使者 哀鑑丹誠 受此供養
유 원 사 직 사 자 애 감 단 성 수 차 공 양

[繞匝]
요 잡

사직사자시여, 재자의 정상 어여삐 여겨 이 공양을 받으소서.

 대부분의 유통본에는 '유원 사직사자 애강도량 수차공양'이라고
하고 있으나 사자님들은 이미 도량에 이르러 자리에 앉아 공양을 받
고 있으므로 '애강도량'은 적합하다고 보이지 않고 이 구문의 원 형
태라고 할 수 있는『산보범음집』의 '애감단성, 단월의 정성을 어여삐
여겨'가 적의하다고 보인다.

加持偈
가 지 게
以此加持妙供具 供養年直四天使者衆
이 차 가 지 묘 공 구 공 양 연 직 사 천 사 자 중

이 가지한 공양구를 연직 사천사자님들께 공양합니다.

以此加持妙供具 供養月直空行使者衆
이 차 가 지 묘 공 구 공 양 월 직 공 행 사 자 중

이 가지한 공양구를 월직 공행사자님들께 공양합니다.

以此加持妙供具 供養日直時直使者衆
이 차 가 지 묘 공 구 공 양 일 직 시 직 사 자 중

이 가지한 공양구를 일직 시직 사자님들께 공양합니다.

悉皆受供發菩提 施作佛事度衆生
실 개 수 공 발 보 리 시 작 불 사 도 중 생

공양을 받으시고 보리심 내서 불사를 베풀어 중생을 건지소서.

普供養眞言
보 공 양 진 언
옴 아아나 삼바바 바아라 훔 [삼설]

普廻向眞言
보 회 향 진 언
옴 삼마라 삼마라 미만나 사라마하 자거라바 훔 [삼설]

般若心經 [云云]
반 야 심 경 운운

願成就眞言
원 성 취 진 언

옴 아모카 살바다라 사다야 시베 훔 [삼설]

補闕眞言
보 궐 진 언

옴 호로호로 사야목계 사바하 [삼설]

奠物(제수)을 거두고 행첩을 읽은 후 봉송편과 진언을 염송한다. [43]

歎白
탄 백

諸聖慈風誰不好　冥王願海最難窮
제 성 자 풍 수 불 호　명 왕 원 해 최 난 궁
五通迅速尤難測　明察人間瞬息中
오 통 신 속 우 난 측　명 찰 인 간 순 식 중

자비로운 여러 성인 어느 누가 좋아하지 않으랴
명왕의 원력은 바다 같아 다하기가 어렵구나.
오신통으로 신속하니 측량하기 어렵고
인간 세계 밝혀 살피는 것도 순식간이네.

[和請]
화 청

---

43) 이하에 원성취진언과 보궐진언을 시설함은 가하지 않음.

行牒疏 皮封式
행첩소 피봉식

召請文疏拜獻 四直使者等衆
소청문소배헌 사직사자등중

釋迦如來遺教弟子 奉行加持 秉法沙門 某 謹牒
석가여래유교제자 봉행가지 병법사문 모 근첩

修設冥司勝會疏
수설명사승회소

據 娑婆世界 (祝願伏爲) 所伸情志 伏爲 現增福壽
거 사바세계 축원복위 소신정지 복위 현증복수

當生淨刹之願 預修十王生七之齋 謹命秉法
당생정찰지원 예수시왕생칠지재 근명병법

闍梨一員 及 法事僧一壇 以 今月今日 就於 (某寺)
사리일원 급 법사승일단 이 금월금일 취어 모사

特開冥司 十王道場 約一日 (夜) 揚幡發牒
특개명사 시왕도량 약일일 아 양번발첩

結界建壇 式遵科儀 嚴備冥錢 香花燈燭
결계건단 식준과의 엄비명전 향화등촉

茶果珍食 供養之儀
다과진식 공양지의

사바세계(娑婆世界) (축원) 진실한 뜻을 펼치며, 현생에서는 복과 수명 늘어
나고 내생에는 정토세계에 태어나기를 기원하여 예수시왕생칠재를 닦
고자 삼가 법을 집행하는 사리(闍梨) 한 분과 법 집행을 도울 스님들에게,
금월 금일 모 사찰에 나아가 특별히 명부를 담당한 관리들을 위하여 시
왕도량을 열고 하룻 낮(밤) 동안 열어 번기를 걸고 공첩을 보내고 결계를
하고 단을 세워 의식에 따라 명부전을 준비하고 향화 등촉과 다과 진식
을 공양 의례를 명합니다.

謹持黃黑二道 普伸迎請 大聖大慈 法報化
근 지 황 흑 이 도　보 신 영 청　대 성 대 자　법 보 화

三身諸佛 地藏大聖 六光菩薩 道明無毒 六大天曹
삼 신 제 불　지 장 대 성　육 광 보 살　도 명 무 독　육 대 천 조

一切聖賢等衆
일 체 성 현 등 중

삼가 황도(黃道)[44]와 흑도(黑道)[45] 두 길을 지니고 널리 큰 성인이시고 크게
자비하신 법신(法身)·보신(報身)·화신(化身)의 모든 붓다님과 지장(地藏)대
성 등 육광(六光)보살·도명존자(道明尊者)·무독귀왕(無毒鬼王), 여섯 큰 천
조(天曹)와 일체 성현 대중들을 두루 초청합니다.

召請 大梵天王 帝釋天王 四大天王 一切眷屬等衆
소 청　대 범 천 왕　제 석 천 왕　사 대 천 왕　일 체 권 속 등 중

대범천왕(大梵天王)과 제석천왕(帝釋天王), 그리고 사대천왕과 그 일체 권속
등 대중들을 초청합니다.

召請 十大冥王 泰山府君 二十六位判官
소 청　십 대 명 왕　태 산 부 군　이 십 육 위 판 관

三十七位鬼王 善惡二符 監齋直府 四直使者
삼 십 칠 위 귀 왕　선 악 이 부　감 재 직 부　사 직 사 자

牛頭馬面阿旁 卒吏諸班 不知名位 難思難量
우 두 마 면 아 방　졸 리 제 반　부 지 명 위　난 사 난 량

一切眷屬等衆 咸冀上遵密語 俯鑑精誠 克於子時
일 체 권 속 등 중　함 기 상 준 밀 어　부 감 정 성　극 어 자 시

---

44) 황도(黃道) ① 지구가 태양을 도는 큰 궤도. 지구에서 보아 해가 지구를 중심으로 도는
것처럼 보이는 큰 원으로, 하늘의 적도(赤道)와 23도 27분쯤 기울어져 있는데, 적도와
만나는 두 점(點)을 춘분점(春分點)·추분점(秋分點)이라고 함. ② 도교(道敎)에서 내단
(內丹) 수련 과정 중 정기(精氣)가 순행(循行)하는 길의 하나로서 독맥(督脈)을 말한다.

45) 흑도(黑道) ① 태음의 궤도. 황도에서 43도 4분, 양극(兩極)에서 28도 38분 되는 자
리. ② 도교(道敎)에서 내단(內丹) 수련 과정 중 정기(精氣)가 순행(循行)하는 길의 하
나로서 독맥(督脈)을 말한다.

之前 仗此加持之力 各依品叙 齊赴法筵 受今施主
지 전 장 차 아 지 지 력 각 의 품 서 제 부 법 연 수 금 시 주

廣大供養
광 대 공 양

열 분 명부의 왕과 태산부군(泰山府君), 26분 판관, 37자리의 귀왕(鬼王),
선악의 이부동자[善惡二符]와 감재사자 직부사자와 사직(四直)사자, 우두마
면아방과 여러 졸리(卒吏), 이름과 지위를 알 수 없고 생각하기 어렵고 헤
아리기 어려울 만큼 많은 일체 권속 등 대중들을 청하니, 모두 위로는 비
밀한 말씀을 따르고 아래로는 저희들의 정성을 살피시어 자시(子時: 밤 12
시, 11~01) 이전에 이 가지의 힘에 의지하여 각각 품계의 차례를 따라 모
두 법회의 자리에 오시어 지금 이 시주님들의 많은 공양을 받으소서.

右仰 四直使者 賚持文牒 上遊天界 下及幽冥
우 앙 사 직 사 자 재 지 문 첩 상 유 천 계 하 급 유 명

速疾遍請 咸泣法筵 不憚劬勞 希毋違滯 謹牒
속 질 변 청 함 리 법 연 불 탄 구 로 희 무 위 체 근 첩

또 우러러 사직사자는 문첩(文牒)을 가지고, 하늘 세계에 노니는 분들과
유명(幽冥) 세계에 이르기까지 속히 알려주시기를 바라며, 두루 다 청하
오니 모두 법회의 자리에 이르소서. 부디 노고를 꺼리지 마시고 또한 지
체하지 마소서. 삼가 편지를 올립니다.

年　　月　　日　　疏
년 　 　 월 　 　 일 　 　 소

청장 물장을 별도로 작성해서 보내기도 한다.

奉送使者
봉 송 사 자

上來 文牒 宣讀已周 神德無私 諒垂洞鑑
상 래 문 첩 선 독 이 주 신 덕 무 사 양 수 통 감

兹者 旣蒙靈享 更請從容文牒 幸謝於賚持雲程
자 자 기 몽 령 향 갱 청 종 용 문 첩 행 사 어 재 지 운 정

願希於馳赴 故 吾佛如來 有 奉送使者陀羅尼
원 희 어 치 부 고 오 불 여 래 유 봉 송 사 자 다 라 니

謹當宣念
근 당 선 념

위에서 이미 문첩을 읽었으니, 이미 사자님의 위신과 덕은 두루 하여 사
사롭지 않고, 진실하게 살피실 것입니다. 이제 영험한 공양도 받았으니
다시 문첩대로 따르실 것을 청합니다. 인사하시고 행첩을 받아 지니시고
구름길에 올라 영묘한 곳에 이르소서. 우리 붓다여래의 가르침에 봉송다
라니가 있으니, 삼가 염송하십시오.

奉送眞言
봉 송 진 언

옴 바아라 사타 목차목 [삼설]

奉送偈
봉 송 게

奉送使者歸所屬 不違佛語度群迷
봉 송 사 자 귀 소 속 불 위 불 어 도 군 미

普期時分摠來臨 唯願使者登雲路
보 기 시 분 총 내 림 유 원 사 자 등 운 로

사자님들을 본래 소속으로 보내오니
붓다의 말씀을 어기지 마시고 중생을 건지도록
기약한 시간에 함께 임하소서.
사자시여, 어서 운로에 오소서.

탄백을 할 수도 있으나 생략한다.

召請聖位
소 청 성 위

    예수재 상상단에는 법신 보신 화신의 삼신불을 청하는 의식이 이어지는데, 예수시왕생칠재의의 대본에 의하면 예수재의 상단은 삼신번으로 법당에 차려진다.

    상중단에는 시왕의 중앙에 지장보살을 머리로 하여 용수보살·관세음보살·상비보살·다라니보살·금강장보살이 청해지고, 삼신불의 화신과 지부대신천조, 태산부군천조 등도 증명을 위해 청해지며, 도명존자와 무독귀왕도 공덕을 증명하기 위해 청해 모신다.

    상하단에는 범석제천과 사방천왕을 청해 공덕을 증명받는다.

    상단의 성인을 청하고 목욕소를 다섯 구역으로 나누어 설치한다. 위패는 곧 삼신불패와 육광보살패, 육조천조패, 도명무독, 석범천왕패이다. 간략한 재의라 상위목욕은 생략하였다. 불전 혹은 영청소에 이르러 전종 7추 명라 3지, 명발 1종 후 거불을 한다.

上壇迎請之儀
상 단 영 청 지 의

召請聖位
소 청 성 위

擧佛
거 불

南無 淸淨法身 毘盧遮那佛
나무 청정법신 비로자나불

南無 圓滿報身 盧舍那佛
나무 원만보신 노사나불

南無 千百億化身 釋迦牟尼佛
나무 천백억화신 석가모니불

거불은 거불명으로 삼보의 명호를 칭하고 예경하여 그 공덕으로 가피
를 입는 의식이다. 거불의 바람직한 형태는 변재삼보를 칭하는 것이
었다고 할 수 있다.

召請聖位疏 皮封式
소청성위소 피봉식

召請文疏拜獻 十方三寶慈尊
소청문소배헌 시방삼보자존

釋迦如來遺教弟子 奉行加持 法事沙門 某謹封
석가여래유교제자 봉행가지 법사사문 모근봉

修設冥司勝會疏
수설명사승회소

伏聞 妙化無方 必 隨機而現相 聖恩廣施 但
복문 묘화무방 필 수기이현상 성은광시 단

應物以利生 今陳妙供[46] 仰望矜容
응물이이생 금진묘공 앙망긍용

삼가 들었습니다. 오묘한 조화는 정해진 방향이 없어서 반드시 근기 따
라 모습을 나타내고, 성현의 은혜는 널리 펼쳐져 사물에 응해 중생을 이
롭게 합니다. 이제 오묘한 공양을 진설하고 우러러 존경하는 용안을 바
라봅니다.

是晨卽有 娑婆世界 [云云] 伏爲 現增福壽
시신즉유 사바세계 운운 복위 현증복수

---

46)『예수시왕생칠재의찬요』에는 妙供이나『천지명수륙잡문』(한의총 1, 544상)에는 '籙染'

當生淨刹之願 預修十王生七之齋 邀命秉法
당생정찰지원 예수시왕생칠지재 요명병법

闍梨(一員)及 法事僧一壇 以今月今日 就於
사리 일원 급 법사승일단 이금월금일 취어

(某寺) 開置冥司十王道場 約一日(一夜) 揚幡發牒
모사 개치명사시왕도량 약일일 일야 양번발첩

結界建壇 式遵科儀 特備冥錢 香花燈燭
결계건단 식준과의 특비명전 향화등촉

茶果珍食 供養之儀 謹持黃道 召請 法報化
다과진식 공양지의 근지황도 소청 법보화

三身諸佛 地藏大聖 六光菩薩 應身天曹
삼신제불 지장대성 육광보살 응신천조

道明無毒 一切聖賢等衆
도명무독 일체성현등중

새벽에 사바세계 차사천하 남섬부주 해동 대한민국 모처에 사는 모인이
엎드려 현생에는 복과 수명 늘어나고 내생에는 정토에 태어나고자 '시왕
생칠재'를 미리 닦기 위하여, 삼가 병법 아사리 1인과 불사를 진행하는
스님들에게 금월 금일 아무 절에 나아가 명부를 담당한 시왕도량을 하
룻낮 [하룻밤] 동안 열어 번기를 걸고 공첩(公牒: 저승에 보내는 공문서)을 보내
고, 결계하여 단을 세우고 법식에 맞추어 특별히 명부에 바칠 돈을 준비
하고, 향과 꽃, 등촉과 차와 과실 및 맛있는 음식 등을 준비해 공양 의식
을 올리고, 삼가 황도(黃道)기를 지니고 법신 보신 화신 삼신(三身)의 모든
붓다님과 지장대성, 육광보살 응신(應身) 천조(天曹)님, 도명존자, 무독귀
왕과 일체 성현 대중을 청하기를 명합니다.

謹具稱揚 迎請于后[47]
근구칭양 영청우후

삼가 칭양(稱揚)하며 다음과 같이 청합니다.

---

[47] [各位上一心奉請]은 본문에 바로 반영하였으므로 삭제한다.
각 위 상 일 심 봉 청

一心奉請 清淨法身 毘盧遮那佛
일심봉청 청정법신 비로자나불

일심으로 청정법신 비로자나불을 받들어 청하옵니다.

一心奉請 圓滿報身 盧舍那佛
일심봉청 원만보신 노사나불

일심으로 원만보신 노사나불을 받들어 청하옵니다.

一心奉請 千百億化身 釋迦牟尼佛
일심봉청 천백억화신 석가모니불

일심으로 천백억화신 석가모니불을 받들어 청하옵니다.

一心奉請 圓成悲智大聖 地藏王菩薩
일심봉청 원성비지대성 지장왕보살

일심으로 원만히 자비 지혜 이루신 대성 지장보살을 받들어 청하옵니다.

一心奉請 咸登覺位 證法度生 六光菩薩
일심봉청 함등각위 증법도생 육광보살

일심으로 널리 각위에 오르시고 법을 증득하여 중생을 제도하시는 육광
보살을 받들어 청하옵니다.

一心奉請 興悲降迹 應化三身 六大天曹
일심봉청 흥비강적 응화삼신 육대천조

일심으로 자비를 일으켜 강림하여 족적을 남기신 응화삼신의 육대천조를 받들어 청하옵니다.

一心奉請 立大誓願 助佛揚化 道明尊者
일심봉청 입대서원 조불양화 도명존자

일심으로 큰 서원을 세우고 붓다님을 도와 교화하는 도명존자님을 받들어 청하옵니다.

一心奉請 發弘誓願 助揚眞化 無毒鬼王
일심봉청 발홍서원 조양진화 무독귀왕

일심으로 큰 서원을 발하시고 참된 교화를 선양하시는 무독귀왕을 받들어 청하옵니다.

一心奉請 梵釋二主 四大天王衆
일심봉청 범석이주 사대천왕중

일심으로 범천왕 제석천왕과 사대천왕중을 받들어 청하옵니다.

右伏以 佛恩周庇 不違有感之心 法力難思
우복이 불은주비 불위유감지심 법력난사
能濟無邊之衆 伏乞 覺天金相 慈光普照於凡情
능제무변지중 복걸 각천금상 자광보조어범정
空界眞靈 威德感通於此地 今修淨供 望賜哀怜
공계진영 위덕감통어차지 금수정공 망사애령

出定光臨 和南 謹疏 仰唯
출 정 광 림 화 남 근 소 앙 유

위에서처럼 다시 생각하오니, 불은(佛恩)은 감응하는 마음이 있는 곳에 어긋남이 없이 두루 감싸주고, 법력(法力)은 가없이 많은 중생을 모두 제도하십니다. 깨달음 하늘[覺天]의 금빛 모습[金相]은 자비의 광명으로 중생을 두루 비치고, 허공계(空界)의 진령(眞靈)은 위덕(威德)으로 이 땅에 감응하여 통하오니, 오늘 깨끗한 공양을 마련하였으니, 불쌍히 여겨 선정에서 나와 광림하시기를 엎드려 비옵니다. 절하오며 삼가 글월 올리며, 우러러 생각하오니,

大覺證明 謹疏
대 각 증 명 근 소

대각 붓다시여, 증명하소서. 삼가 글월 올립니다.

年   月   日   疏
년   월   일   소

振鈴偈
진 령 게
以此振鈴伸召請 十方佛刹普聞知
이 차 진 령 신 소 청 시 방 불 찰 보 문 지
願此鈴聲徧法界 無邊佛聖咸來集
원 차 영 성 변 법 계 무 변 불 성 함 래 집

요령 울려 청하오니
시방의 붓다님 나라에 계신 (붓다께서는) 널리 듣고 아시리니,
요령 소리 법계에 두루 하여
가없는 붓다님과 성인들께서는 모두 모이옵소서.

請諸如來眞言
청 제 여 래 진 언
옴 미보라 바라라예 도로도로 훔훔 [삼설]

請諸賢聖眞言
청 제 현 성 진 언
옴 아가로 모항살바 달마나아야 나녹다 반나다 [삼설]

由致
유 치

蓋聞 月照長空 影落千江之水 能仁出世 智投萬
개문 월 조 장 공 영 락 천 강 지 수 능 인 출 세 지 투 만

彙之機 是以 江水淨而秋月臨 信心生而諸佛降
휘 지 기 시 이 강 수 정 이 추 월 림 신 심 생 이 제 불 강

如來眞實智 悲愍諸眾生 願知虔誠禮 垂慈作證明
여 래 진 실 지 비 민 제 중 생 원 지 건 성 례 수 자 작 증 명

一心稽首 歸命禮請
일 심 계 수 귀 명 예 청

대략 들었습니다. 달빛이 긴 허공을 비추며 그림자가 일천 강물에 떨어
지고, 석가모니 붓다께서 세상에 나오시니 지혜가 온갖 중생들에게 투영
됩니다. 이 까닭에 강물이 맑으면 가을달이 선명하게 찍히고 신심이 일
어나면 붓다님들께서 내려오셔서 여래의 참되고 실다운 지혜와 자비로
여러 중생을 연민히 여기십니다. 경건히 정성 다해 예 올림을 아시고서
자비로 증명하여 주소서. 일심으로 머리 숙여 귀명례하며 청하옵니다.

지금부터는 상상단을 청하는 청사가 시작된다.

南無一心奉請 三細本染 起於無起 無起卽變
나무일심봉청 삼세본염 기어무기 무기즉변

大圓鏡智 聖凡同體 法爾圓常 大小之體 遍滿法界
대원경지 성범동체 법이원상 대소지체 변만법계

表裡通徹 淸淨法身 毘盧遮那佛 唯願慈悲 降臨
표리통철 청정법신 비로자나불 유원자비 강림

道場 證明功德
도량 증명공덕

경례하오며, 일심으로 삼세(三細)[48]의 근본 무명은 일어남이 없는 데
서 일어나고 일어남이 없는 것이 곧 변해서 대원경지(大圓鏡智)[49]이며,
성현과 범부가 한 몸이니 법은 본래 원만하고 항상 하므로 크고 작은
몸이 법계에 두루 가득하여 안과 밖이 통하여 두루 하는 청정법신 비
로자나붓다를 받들어 청하오니, 자비로 도량에 강림하여 공덕을 증명
하소서.

香花請 [삼설]
향 화 청

---

48) 삼세(三細): 무명업상(無明業相) · 능견상(能見相) · 경계상(境界相). 《대승기신론》
에서는 일심진여(一心眞如)를 우주의 근본으로 하고, 여기에서 일체 현상을 내는 것
을 무명(無明) 때문이라고 설명하고, 이 무명을 근본불각(根本不覺) · 지말불각(枝末
不覺)으로 나눈다. ① 무명업상. 진여가 무명에 의하여 차별적 현상을 내게 되는 첫걸
음으로서, 아직 주관 · 객관이 갈라지기 전의 상태. ② 능견상. 무명업상이 주관 · 객
관으로 갈라져 대립된 때에, 그 주관적 방면을 말함. ③ 경계상. 능견상인 주관의 앞
에 나타나는 객관적 대상의 경계. 진여 본성에 계합하지 않는 허망한 상태를 말함.
49) 대원경지(大圓鏡智): 일체종지(一切種智). ① 유식(唯識)에서, 4지(智) 중 하나로 꼽는
다. 유루(有漏)의 제8식을 통해서 얻는 무루의 지혜로서, 만덕(萬德)을 원만하게 구족
하여 모든 법을 깨달아 안 것을 말함. 불과(佛果)에 이르렀을 때 얻게 되는 지혜이다.
대일여래가 갖추고 있는 5지(智) 중의 하나.

歌詠
가 영

蟭螟眼睫起皇州 玉帛諸侯次第投
초 명 안 첩 기 황 주 옥 백 제 후 차 제 투

天子臨軒論土廣 太虛猶是一浮漚
천 자 임 헌 론 토 광 태 허 유 시 일 부 구

초명의 눈썹 끝에 황도를 일으키니
제후는 옥백을 차례로 올리고
천자는 난간에서 국토 크기 의논하나
큰 허공도 한 조각 뜬 거품이로다.

故我一心歸命頂禮 [반절]
고 아 일 심 귀 명 정 례

南無一心奉請 九相本因 總諸恒沙 分別名相
나 무 일 심 봉 청 구 상 본 인 총 제 항 사 분 별 명 상

變同太虛 平等性智 現發無碍 自受果圓 自他
변 동 태 허 평 등 성 지 현 발 무 애 자 수 과 원 자 타

受用 出入仍本 隨機說法 度諸有情 圓滿報身
수 용 출 입 잉 본 수 기 설 법 도 제 유 정 원 만 보 신

盧舍那佛 唯願慈悲 降臨道場 證明功德
노 사 나 불 유 원 자 비 강 림 도 량 증 명 공 덕

경례하오며, 일심으로 삼세 육추의 아홉 가지 모습이 근본 인이 되어 모든 항하사의 모래알같이 많은 이음과 모양으로 분별되지만 변해지면 태허와 같은 평등성지가 나타나 걸림 없음을 드러내어 저절로 과가 원만함을 받고 나와 남을 수용하여 나고 듦에 근본에 의지하며 근기 따라 법을 설해 일체 중생을 제도하시는 원만보신 노사나불을 받들어 청하오니, 자비로 도량에 강림하여 공덕을 증명하소서.

香花請 [삼설]
향 화 청

歌詠
가 영

海上曾營內外家 往來相續幾隨波
해 상 증 영 내 외 가 왕 래 상 속 기 수 파

一條古路雖平坦 舊習依然走兩叉
일 조 고 로 수 평 탄 구 습 의 연 주 양 차

고해 바다 위서 일찍이 안팎의 집 경영하며

오가고 이어가며 몇 번이나 파랑을 헤맸는가.

깨달음의 옛길은 한 줄기 평탄하건만

옛 습관 의지하니 두 갈래로 달리네.

故我一心歸命頂禮 [반절]
고 아 일 심 귀 명 정 례

南無一心奉請 赤肉團上 妄計差別 知妄卽覺
나 무 일 심 봉 청 적 육 단 상 망 계 차 별 지 망 즉 각

便成大道 普應群機 如月印海 影影皆眞 妙觀
변 성 대 도 보 응 군 기 여 월 인 해 영 영 개 진 묘 관

察智 成所作智 一切周徧 隨機說法 大悲濟物
찰 지 성 소 작 지 일 체 주 변 수 기 설 법 대 비 제 물

千百億化身 釋迦牟尼佛 (以上上壇) 唯願慈悲 降臨道
천 백 억 화 신 석 가 모 니 불 이상상단 유 원 자 비 강 림 도

場 證明功德
량 증 명 공 덕

경례하오며, 일심으로 육신은 부질없이 사랑하고 차별하나 허망한 것임
을 알면 곧 깨달아 대도를 이루고 널리 근기들에 응하니 달이 바다에 비
치듯 그림자는 다 참되며, 묘관찰지 성소작지 일체가 두루 퍼져 근기 따
라 법을 설해 대비로 중생을 건지시는 천백억화신 석가모니불을 청하오

니, 자비로 도량에 강림하여 공덕을 증명하소서.

香花請 [삼설]
향 화 청

歌詠
가 영

月磨銀漢轉成圓　素面舒光照大千
월 마 은 한 전 성 원　소 면 서 광 조 대 천
連臂山山空捉影　孤輪本不落青天
연 비 산 산 공 착 영　고 륜 본 불 락 청 천

은하수에 갈려서 달이 점점 원만해지니
흰 얼굴서 광명 내어 대천세계 비추네.
[원숭이는] 손에 손을 뻗고 허공의 달 잡으려 하나
외로운 저 달은 푸른 하늘 떠나지 않네.

故我一心歸命頂禮 [반절]
고 아 일 심 귀 명 정 례

이제부터는 상중단의 성현을 청한다.

南無一心奉請　大悲爲本　陰陽二界　現無邊身
나 무 일 심 봉 청　대 비 위 본　음 양 이 계　현 무 변 신
廣濟群迷　世尊垂化　而白佛言　末世衆生　我乃
광 제 군 미　세 존 수 화　이 백 불 언　말 세 중 생　아 내
盡度　居歡喜國　南方化主　今日道場　若不降臨
진 도　거 환 희 국　남 방 화 주　금 일 도 량　약 불 강 림
誓願安在　是我本尊　地藏大聖　爲首　龍樹菩薩
서 원 안 재　시 아 본 존　지 장 대 성　위 수　용 수 보 살
觀世音菩薩　常悲菩薩　陀羅尼菩薩　金剛藏
관 세 음 보 살　상 비 보 살　다 라 니 보 살　금 강 장
菩薩(以上中壇)　唯願慈悲　降臨道場　證明功德
보 살 이 상 중 단　유 원 자 비　강 림 도 량　증 명 공 덕

경례하오며, 일심으로 대비를 근본으로 삼아 음과 양의 두 세계에 그지 없는 몸을 나타내어 널리 숱한 어리석은 중생을 건지시며, 세존께서 교화를 거두시자 붓다님께 "말세중생을 제가 다 건지겠습니다."라고 말씀드리고 환희국에서 머물고 계시는 남방화주께서 금일 도량에 오시지 않는다면 서원이 있다 할 수 있으리오. 나의 본존 지장 대성이 상수 되어 용수보살 관세음보살 상비보살 다라니보살 금강장보살을 받들어 청하오니, 자비로 도량에 강림하여 공덕을 증명하소서.

香花請 [삼설]
향 화 청

歌詠
가 영

掌上明珠一顆寒 自然隨色辨來端
장 상 명 주 일 과 한   자 연 수 색 변 래 단

幾廻提起親分付 闇室兒孫向外看
기 회 제 기 친 분 부   암 실 아 손 향 외 간

손위에 밝은 구슬 맑은 빛이 영롱한데
자연스레 빛깔 따라 어김없이 나타나고
몇 번이고 일으키고 친절히 일러주니
어둔 방의 아이들이 밖으로 나아가네.

故我一心歸命頂禮 [반절]
고 아 일 심 귀 명 정 례

南無一心奉請 諸聖興悲 降迹靈官 六般神化
나 무 일 심 봉 청   제 성 흥 비   강 적 영 관   육 반 신 화

同時濟物 毘盧遮那 化身天曹 應身天曹 法身天
동 시 제 물   비 로 자 나   화 신 천 조   응 신 천 조   법 신 천

曹 大智盧舍那 化身地府 大神天曹 彌勒化身
조 대지노사나 화신지부 대신천조 미륵화신

泰山府君天曹 南方老人 地藏化身天曹 唯願慈悲
태산부군천조 남방노인 지장화신천조 유원자비

降臨道場 證明功德
강 림 도 량 증 명 공 덕

경례하오며, 일심으로 여러 성인께서 자비심을 일으켜 영관(靈官)으로 강
림하여 여섯 가지 신통력으로 교화하고 동시에 중생들을 이롭게 하시는
비로자나(毘盧遮那) 화신천조(化身天曹), 응신천조(應身天曹), 법신천조(法身天
曹), 큰 지혜의 노사나(盧舍那)의 화신 지부대신(地府大神)천조, 미륵의 화신
태산부군(泰山府君)천조, 남방노인 지장(地藏)의 화신천조님들을 받들어 청
하오니, 자비로 도량에 강림하여 공덕을 증명하소서.

香花請 [삼설]
향 화 청

歌詠
가 영

聖化天曹現大機 十方風月屬冥司
성 화 천 조 현 대 기 시 방 풍 월 속 명 사

沒絃琴上才傾耳 六律淸音奏一時
몰 현 금 상 재 경 이 육 률 청 음 주 일 시

성현의 화신 천조께서 큰 기미 드러내
시방의 풍월은 명부 관리에 소속되네.
줄 없는 거문고 소리에 귀 기울이고
여섯 운율 청아한 소리 일시에 울리도다.

故我一心歸命頂禮 [반절]
고 아 일 심 귀 명 정 례

南無一心奉請 皆於本因 立大誓願 一現慈容
나무일심봉청 개어본인 입대서원 일현자용

一現威相 侍我地藏 助揚眞化 道明尊者 無毒鬼王
일현위상 시아지장 조양진화 도명존자 무독귀왕

唯願慈悲 降臨道場 證明功德
유원자비 강림도량 증명공덕

경례하오며, 일심으로 모두 인행을 닦을 때에 큰 서원 세워 한편으로 자
비로운 모습으로 한편은 위엄스런 모습이신 우리들의 지장보살님 옆에
서 참된 교화 도우시는 도명 존자와 무독귀왕을 받들어 청하오니, 자비
로 도량에 강림하여 공덕을 증명하소서.

香花請 [삼설]
향 화 청

歌詠
가 영

無毒王隨一道明 兩家眞俗作同行
무독왕수일도명 양가진속작동행

南方座下參眞聖 大振玄風濟有情
남방좌하참진성 대진현풍제유정

무독귀왕과 한결 같이 따르는 도명존자
진속의 두 집안 함께 행동하시네.
남방화주 자리 아래 성인을 참례하니
크게 현풍 떨치시어 중생들을 건지시네.

故我一心歸命頂禮
고 아 일 심 귀 명 정 례

이제부터는 상하단을 청하게 된다.

南無一心奉請 明察陰陽 善惡因果 賞善罰惡
나무일심봉청 명찰음양 선악인과 상선벌악

飛熱鐵輪 令伏惡魔 敬仰南方 無邊身化主
비열철륜 영복악마 경앙남방 무변신화주

各逞威神 護法利物 大梵天王 帝釋天王 東方持國
각령위신 호법이물 대범천왕 제석천왕 동방지국

天王 南方增長天王 西方廣目天王 北方多聞天王
천왕 남방증장천왕 서방광목천왕 북방다문천왕

唯願慈悲 降臨道場 證明功德
유원자비 강림도량 증명공덕

경례하오며, 일심으로 음계(陰界)와 양계(陽界)의 선하고 악한 인과(因果)를 밝게 살펴 선한 이에게는 상을 주고 악한 이에게는 벌을 주며, 뜨거운 철륜(鐵輪)을 날려 악한 마군 항복받으며, 우러러 남방의 그지없이 많은 몸으로 변화하는 주인에게 공경하며, 제각각 굳셈과 위엄과 신통을 드러내 불법을 보호하고 중생들을 이롭게 하는 대범천왕(大梵天王)[50]과 제석천왕(帝釋天王),[51] 동방 지국천왕[52]과 남방 증장천왕,[53] 서방 광목천왕[54]과 북방 다문천왕[55]을 받들어 청하오니, 자비로 도량에 강림하여 공덕을 증명하소서.

---

50) 대범천왕(大梵天王): 색계(色界) 초선천(初禪天)의 제3천의 왕. 범왕(梵王) 또는 대범왕(大梵王)이라고도 한다.

51) 제석천왕(帝釋天王): 불교의 수호신으로서 석제환인다라(釋帝桓因陁羅)·석가제바인다라(釋迦提婆因陁羅)로 음역되고, 줄여서 석제환인이라고도 한다.

52) 지국천왕: 욕계(欲界) 6천(天) 중 4천왕천(天王天)을 주재하는 4천왕 중 동방의 천왕. 수미산왕(須彌山王)의 동쪽으로 4만 리 떨어진 곳에 지국천왕의 성곽이 있는데, 그 너비와 길이는 각각 24만 리이며, 일곱 가지 보배로 지어진 성에는 숲과 연못 등이 가득하다고 한다. 제두뢰천왕(提頭賴天王).

53) 증장천왕: 욕계 6천 중 4천왕천을 주재하는 4천왕 중 남방의 천왕. 수미산왕의 동쪽으로 4만 리 떨어진 곳에 증장천왕의 성곽이 있는데, 그 너비와 길이는 각각 24만 리이며, 일곱 가지 보배로 지어진 성에는 숲과 연못 등이 가득하다고 한다. 비루륵천왕(毗樓勒天王).

54) 광목천왕: 욕계 6천 중 4천왕천을 주재하는 4천왕 중 서방의 천왕. 수미산왕의 동쪽으로 4만 리 떨어진 곳에 광목천왕의 성곽이 있는데, 그 너비와 길이는 각각 24만 리이며, 일곱 가지 보배로 지어진 성에는 숲과 연못 등이 가득하다고 한다. 비류라(毗留羅).

55) 다문천왕(多聞天王): 4천왕 중 북방의 천왕 이름.

香花請 [삼설]
향 화 청

이곳에서 원강도량 증명공덕을 삼설하며 산화락을 삼설하고 내
림게를 내리기도 하는데 가영 이후로 교정했다.

歌詠
가 영

理世英雄各鎭方　大功爭奪法中王
이 세 영 웅 각 진 방　대 공 쟁 탈 법 중 왕
故來南國名歡喜　也任諸公正紀綱
고 래 남 국 명 환 희　야 임 제 공 정 기 강

세간을 다스리는 영웅 각각 방위의 진을 치고
큰 공덕 다퉈 뺏는 법 가운데 왕이라네.
예부터 남쪽 나라를 환희세계라 부르니
책임진 여러 공자(公子) 기강이 바르네.

故我一心歸命頂禮 [반절]
고 아 일 심 귀 명 정 례

[來臨偈]
내 림 게

상위의 성현을 모시고 목욕을 제공하는 경우도 있으나 1일 낮 동
안 진행되는 재회의 성격상 곧바로 자리에 모신다.

獻座安位
헌 좌 안 위

切以 道場氷潔 聖駕雲臻 旣從有感之心 必副無
절 이 도 량 빙 결 성 가 운 진 기 종 유 감 지 심 필 부 무

私之望 玆者 諸佛菩薩 一切賢聖 旣臨淸淨之華筵
사 지 망 자 자 제 불 보 살 일 체 현 성 기 림 청 정 지 화 연

宜就莊嚴之妙座 下有獻座之偈 大衆隨言後和
의 취 장 엄 지 묘 좌 하 유 헌 좌 지 게 대 중 수 언 후 화

가만히 생각해 보니, 도량은 얼음처럼 청결하고 성인의 수레 구름같이
이르렀습니다. 재자의 정성을 따라 응하셨으니 반드시 사심이 없는 바람
에 응하실 것입니다. 이제 제불보살 일체성현들께서 이미 청정한 화연에
임해 각각 장엄한 보좌에 나아가십니다. 아래 헌좌게송이 있으니 대중은
구절 따라 화음으로 염송하십시오.

獻座眞言
헌 좌 진 언

妙菩提座勝莊嚴 諸佛坐已成正覺
묘 보 리 좌 승 장 엄 제 불 좌 이 성 정 각

我今獻座亦如是 自他一時成佛道
아 금 헌 좌 역 여 시 자 타 일 시 성 불 도

수승하게 장엄된 깨침의 자리로세.
붓다님들 앉으셔서 정각 이루셨네.
제가 바치는 자리도 그와 같으니,
우리들의 성불 인연 돌려 지어주소서.

옴 바아라 미나야 사바하 [삼설]

현재 한국불교 전반에 널리 유통되고 있는 상단 헌좌게송의 말구

자타일시성불도는 17세기 이후에 나타나기 시작한다. 결수문이나 중례문의 원본에는 '廻作自他成佛因'이다. 이 말구는 중단의 헌좌게송 말구 속원해탈보리과와 대응하는데 상위의 성현은 우리들의 성불의 인연을 지우주시고 중위의 성현은 해탈의 보리과를 원만히 해준다는 뜻으로 이의 말구의 말언을 다시 대응하여 결합하면 '因果'가 된다. 이는 상중의 성현이 우리들을 교화하는 역할을 나눠놓은 것과 같다고 할 수 있다.[56]

茶偈[57]
다 게

今將妙藥及名茶 奉獻十方三寶前
금 장 묘 약 급 명 다 봉 헌 시 방 삼 보 전

鑑察檀那虔懇心 願垂慈悲哀納受
감 찰 단 나 건 간 심 원 수 자 비 애 납 수

제가 이제 묘약과 명차를 시방의 삼보 전에 올리오니
단월의 정성을 살피셔서 자비를 드리워 어여삐 여겨 받으옵소서.

普禮三寶
보 례 삼 보

切以 空月騰輝 無幽不燭 佛身赴感 有願必從
절 이 공 월 등 휘 무 유 불 촉 불 신 부 감 유 원 필 종

衆生以三業歸依 諸佛乃六通垂鑑 由是 敬焚牛首
중 생 이 삼 업 귀 의 제 불 내 육 롱 수 감 유 시 경 분 우 수

---

56) 상단의 헌좌게송 결구는 『범음산보집』에서도 현재와 같이 '자타일시성불도'이나 『지반문』(KR1, 591하), 『중례문』=『천지명양수륙재의찬요』(KR2, 225)나 찬요의 저본인 『천지명양수륙의문』(대요운 교점 p.45), 『결수문』에는 '廻作自他成佛因'이다. 이성운, 『한국불교의례체계연구』(운주사, 2014), pp.236~244.

57) "금장감로다 봉헌제현성 감찰건간심 원수애납수"를 하며 각 단에 차를 올리고 공양주를 염송한다.

高震魚音 虔恭十方信禮 常住三寶
고 진 어 음 건 공 시 방 신 례 상 주 삼 보

가만히 생각해 보니 허공에 달이 떠서 밝으니 불 밝히지 않는 명계가 없고 붓다님 몸이 모든 곳에 이르니 소원은 반드시 이루게 됩니다. 중생들이 삼업으로 귀의하니 여러 붓다님들은 육신통으로 거울을 드리우십니다. 이에 다시 우두향을 사르고 거듭 어산 소리 울려 경건히 시방 붓다님 상호를 바라보며 항상 머무시는 삼보님께 믿음으로 절합니다.

四無量偈
사 무 량 게
大慈大悲愍衆生 大喜大捨濟含識
대 자 대 비 민 중 생 대 희 대 사 제 함 식
相好光明以自嚴 衆等至心歸命禮
상 호 광 명 이 자 엄 중 등 지 심 귀 명 례

대자대비로 중생들을 어여삐 여기시고
대희대사로 모든 유정 제도하시네.
상호광명으로 스스로 장엄하시니
저희들은 지극한 마음으로 귀명하며 절합니다.

四字偈
사 자 게
大圓滿覺 應跡西乾 心包太虛 量廓沙界
대 원 만 각 응 적 서 건 심 포 태 허 양 곽 사 계

크고 원만한 붓다께서는 서쪽 천축에 자취를 남기셨고,
마음은 태허를 포용하니 그 양은 항사세계 두루 싸네.

佛功德海 秘密甚深 殑伽沙劫 讚揚難盡
불 공 덕 해 비 밀 심 심 긍 가 사 겁 찬 양 난 진

바다 같은 붓다의 공덕은 비밀스럽고 더욱 깊어
항하사 겁으로 찬양해도 다할 수 없네.

三頂禮
삼 정 례

一心頂禮 上來奉請 十方常住 一切 佛陀耶衆
일 심 정 례 상 래 봉 청 시 방 상 주 일 체 불 타 야 중

"일심으로 위에서 청한 시방에 항상 머무시는 일체 불타야중께 머리 숙
여 절합니다."

一心頂禮 上來奉請 十方常住 一切 達摩耶衆
일 심 정 례 상 래 봉 청 시 방 상 주 일 체 달 마 야 중

"일심으로 위에서 청한 시방에 항상 머무시는 일체 달마야중께 머리 숙
여 절합니다."

一心頂禮 上來奉請 十方常住 一切 僧伽耶衆
일 심 정 례 상 래 봉 청 시 방 상 주 일 체 승 가 야 중
惟願慈悲 受我頂禮
유 원 자 비 수 아 정 례

"일심으로 위에서 청한 시방에 항상 머무시는 일체 승가야중께 머리 숙
여 절합니다."
"자비로써 저희 정례 받으옵소서."

대중이 함께 말구 유원자비 수아정례를 삼정례마다 할 수도 있고
현재처럼 삼정례를 마치고 유원자비 수아정례라고 할 수도 있다.

五字偈
오 자 게
爲利諸有情 令得三身故
위 이 제 유 정 영 득 삼 신 고
淸淨身語意 歸命禮三寶
청 정 신 어 의 귀 명 례 삼 보

여러 유정을 이롭게 하고 삼신을 얻게 하오니
청정한 몸과 말과 뜻으로 삼보님께 귀명정례하옵니다.

옴 살바못다 달마 승가람 남모소도제 [삼설]

상단헌공을 바로 하고자 할 때는 가지변공편을 이곳에서 설행
한다.

召請冥府
소 청 명 부

    한국의 불교의례는 대체로 상·중·하 3단으로 공양하는 형식이다. 예수재의 중단은 명부의 시왕을 모시는 단으로 생전예수재의 중심이 되는 단이다. 예수재의 명부단은 다시 중상단, 중중단, 중하단으로 구성된다. 생전예수재의 단의 장소를 보면, 상상단은 법당 내에 삼신불번으로 차려지고, 중단은 법당 밖 계단이나 법당 좌우에 시왕의 화상으로 차리거나 명부전이나 시왕전에서 행해지기도 한다.

    청련사예수시왕생칠재는 명부전에서 조전의식과 함께 중위소청 권공 의식이 이뤄진다. 명부시왕과 권속의 중단도 다시 상·중·하 삼위로 불러 모시는데, 중상단에서는 풍도대제와 일체성중을 먼저 청하고 제1 진광대왕, 제2 초강대왕, 제3 송제대왕, 제4 오관대왕, 제5 염라대왕, 제6 변성대왕, 제7 태산대왕, 제8 평등대왕, 제9 도시대왕, 제10 오도전륜대왕과 그 권속들을 차례대로 일일이 청해 모신다. 다음은 중중단의 26위 판관 3원 장군 등과 각종 사자를 청하며, 중하단에서는 각 시왕의 안렬종관과 귀왕 선악동자 사직사자와 그 권속을 청함으로써 명부의 증명성현, 시왕, 판관들, 귀왕과 사자들을 모두 청하게 된다. 중단에 청한 존재들을 욕실로 인도해 목욕을 제공한 다음 상위의 성현에게 인사를 드린 뒤 자리에 앉아 차를 올린다.

中壇迎請之儀
중 단 영 청 지 의

욕소에는 여섯 구역을 구별해 설치한다. 위패는 풍도패 시왕패 판관장군패 귀왕패 동자패 사자패와 부지명위패이다.[58]

召請冥府
소 청 명 부

擧佛
거 불

南無 幽冥教主 地藏菩薩
나 무 유 명 교 주 지 장 보 살

南無 助揚眞化 道明尊者
나 무 조 양 진 화 도 명 존 자

南無 助佛揚化 無毒鬼王
나 무 조 불 양 화 무 독 귀 왕

召請冥府疏 皮封式
소 청 명 부 소 피 봉 식

召請文疏拜獻 冥府十王等衆
소 청 문 소 배 헌 명 부 시 왕 등 중

釋迦如來遺敎弟子 奉行加持 秉法沙門 某謹封
석 가 여 래 유 교 제 자 봉 행 가 지 병 법 사 문 모 근 봉

修設冥司勝會疏
수 설 명 사 승 회 소

切以 智增靈明 不處天宮而利物 悲心弘廣 常居
절 이 지 증 영 명 불 처 천 궁 이 이 물 비 심 홍 광 상 거

---

58) (浴所則 別設六區而位牌則 都牌 十王牌 判官將軍牌 鬼王牌 童子牌使者牌 不知名
욕 소 즉 별 설 육 구 이 위 패 즉 도 패 시 왕 패 판 관 장 군 패 귀 왕 패 동 자 패 사 자 패 부 지 명

位牌等)
위 패 등

地府而化生 以四相如乎四心 以十王如乎十地
지부이화생 이사상여호사심 이시왕여호십지

殿前酷獄 憫衆生造業而來 案側善童 錄含識修
전전혹옥 민중생조업이래 안측선동 녹함식수

福而往 鑑明善惡 總現無遺
복이왕 감명선악 총현무유

가만히 생각해 보니, 지혜 더하고 영통하게 밝으시어 천궁에 거처하지
않고서도 중생을 이롭게 하고 자비심은 크고 넓어 항상 지옥세계 거처하
여 중생을 교화하십니다. 사상은 사심과 같고 시왕은 십지와 같습니다.
시왕전에서 중생들이 업은 지은 이래 혹독한 고통을 받음을 불쌍히 여기
시고, 책상 옆 선한 동자 중생이 복 지은 것을 기록해 가는데, 선과 악을
분명하게 밝혀 살펴 빠짐없이 다 드러냅니다.

是晨卽有 (娑婆世界 某伏爲) 現增福壽 當生淨刹之願
시신즉유 사바세계 모복위 현증복수 당생정찰지원

預修十王生七之齋 謹命秉法闍梨(一員) 及法事僧一壇
예수시왕생칠지재 근명병법사리 일원 급법사승일단

以今月今日 就於(某山寺) 水月道場 開置冥司十王道場
이금월금일 취어 모산사 수월도량 개치명사시왕도량

約一日(一夜) 揚幡發牒 結界建壇 謹遵科儀 特備冥錢
약일일 일야 양번발첩 결계건단 근준과의 특비명전

香花燈燭 茶果珍食 供養之儀 謹持黑道 召請
향화등촉 다과진식 공양지의 근지흑도 소청

冥府十王 六曹官典 百司宰執 億千眷屬 十八部官
명부시왕 육조관전 백사재집 억천권속 십팔부관

牛頭馬面 阿旁卒吏 不知名位 一切神祇等衆
우두마면 아방졸리 부지명위 일체신기등중

伏願 同臨道場 普霑妙供 謹具冥啣 開列于后[59]
복원 동림도량 보점묘공 근구명함 개열우후

---

59) 이하의 [各位上一心奉請]는 본문에 반영하였으므로 삭제한다.
각위상일심봉청

이 새벽에 사바세계 남섬부주 해동 대한민국 모처 거주 모인이 엎드려 현생에는 복과 수명 늘어나고 내생에는 정토에 나는 원을 위하여 시왕생 칠지재를 미리 닦기 위하여 삼가 병법아사리 1인과 법사를 행하는 스님들께 이달 모일 모산 모처로 나아가 약 하룻밤 명사시왕도량을 열어, 번기를 달고 행첩을 보내고 결계하고 단을 세우되 삼가 과목과 위의에 의거하여 특별히 명전과 향화와 등촉 다과와 진식 등 공양의식을 준비하고, 삼가 흑도기를 지니고 명부시왕과 육조와 관전, 온갖 직책을 맡아 일을 집행하는 관리 억천 권속과 18부의 관리, 우두 마면의 아방졸리와 이름을 알 수 없는 일체 신기들을 불러 청하기를 명합니다. 엎드려 같이 도량에 임해 오묘한 공양을 받으소서. 삼가 명함을 갖춰 뒤에 나열합니다.

一心奉請 諸位冥王衆
일 심 봉 청 　 제 위 명 왕 중

일심으로 여러 명왕중을 일심으로 받들어 청합니다.

一心奉請 諸位獄王衆
일 심 봉 청 　 제 위 옥 왕 중

일심으로 여러 옥왕중을 일심으로 받들어 청합니다.

一心奉請 諸位判官衆
일 심 봉 청 　 제 위 판 관 중

일심으로 여러 판관중을 일심으로 받들어 청합니다.

一心奉請 諸位鬼王衆
일 심 봉 청 제 위 귀 왕 중

일심으로 여러 귀왕중을 일심으로 받들어 청합니다.

一心奉請 諸位將軍衆
일 심 봉 청 제 위 장 군 중

일심으로 여러 장군중을 일심으로 받들어 청합니다.

一心奉請 諸位阿旁衆
일 심 봉 청 제 위 아 방 중

일심으로 여러 아방중을 일심으로 받들어 청합니다.

一心奉請 諸位童子衆
일 심 봉 청 제 위 동 자 중

일심으로 여러 동자중을 일심으로 받들어 청합니다.

一心奉請 諸位卒吏衆
일 심 봉 청 제 위 졸 리 중

일심으로 여러 졸리중을 일심으로 받들어 청합니다.

一心奉請 諸位不知名位等眾
일심봉청 제위부지명위등중

일심으로 여러 이름을 알 수 없는 이들을 받들어 청합니다.

右具如前 伏乞
우구여전 복걸

오른쪽[위]에 갖춰진 의문은 앞에서와 같이 엎드려 빕니다.

冥府官曹 一切聖賢等眾 希 降聖慈 望垂靈造
명부관조 일체성현등중 희강성자 망수영조
上稟 如來之勅 下愍檀信之心 早布龍旌 速排鳳
상품 여래지칙 하민단신지심 조포용정 속배봉
輦 毋賜叱阻 率領徒眾 願赴聖壇 廣施妙用
련 무사질조 솔령도중 원부성단 광시묘용
僧(某)冒犯冥威 無任懇禱 激切之至 具狀伸聞
승 모 모범명위 무임간도 격절지지 구장신문
伏祈聖鑑 謹疏
복기성감 근소

엎드려 바라오니, 명부 관조의 일체 성현들이시여, 성인의 자비를 내리
시고 신령스런 조화를 드리우소서. 위로 여래의 명을 품으시고 아래로
단월[신도]의 마음을 어여삐 여기소. 빨리 용정을 내걸고 속히 용연에 오
르소서. 주저하지 마시고 대중을 거느리고 성스러운 재단에 이르러 널리
오묘한 작용을 베풀어 주소서. 소승 모모는 감히 명부의 위엄을 범하며
기도하는 마음 간절하고 지극합니다. 글월 갖춰 전하오니 성인께서는 살
피소서. 삼가 글월 올립니다.

年 月 日 疏
년 월 일 소

振鈴偈
진령게

以此振鈴伸召請 冥府十王普聞知
이 차 진 령 신 소 청 명 부 시 왕 보 문 지

願承三寶力加持 今日今時來降赴[60]
원 승 삼 보 력 가 지 금 일 금 시 래 강 부

요령 울려 부르오니, 명부 시왕께서는 널리 듣고 아시고
삼보님의 힘과 가지를 받들어 오늘 이 시간에 오십시오.

召請焰摩羅王眞言
소 청 염 마 라 왕 진 언

옴 살바염마라 사제비야 사바하 [삼설]

由致
유 치

盖聞 清風下散 瑞氣上凝 聖凡之境不殊 冥陽之
개 문 청 풍 하 산 서 기 상 응 성 범 지 경 불 수 명 양 지

路相接 上來壇上 已奉安聖之儀 次至案前 普召
로 상 접 상 래 단 상 이 봉 안 성 지 의 차 지 안 전 보 소

冥王之衆
명 왕 지 중

대략 들었습니다. 맑은 바람은 아래로 흩어지고 상서로운 기운은 위에서
엉기듯이, 성인과 범부의 경계는 다르지 않고 명부[저승]와 양계[인간]의
길은 서로 이어졌습니다. 앞에서 단 위에 이미 성현을 받들어 모시는 의
식을 하였고, 또 단상 앞에 이르러 명부 시왕들을 널리 부르옵니다.

---

60) 유통본은 '來赴會'이나 광흥사판의 '來降赴'로 교정한다.

夫冥王者 如經所說 誓願不測 焰魔天子 諸位冥官
부명왕자 여경소설 서원불측 염마천자 제위명관

一十八掌獄之臣 及百萬牛頭之衆 監齋五道
일십팔장옥지신 급백만우두지중 감재오도

善惡二符 記罪福而分明 據 業緣而處斷 賞善則
선악이부 기죄복이분명 거 업연이처단 상선즉

超生天界 罰惡則判落三途 辨是非不枉之情
초생천계 벌악즉판락삼도 변시비불왕지정

賜苦樂無偏之報
사고락무편지보

대저 명왕들은, 경전에 설해져 있듯이 서원은 측량할 수 없는데 염마천자와 제위 명부 관리들, 18지옥을 관장하고 있는 신들, 백만의 우두 대중들, 오도의 감재사자 이부의 선악 동자가 죄와 복을 기록하는 데 분명하고 업연에 근거하여 처단하니, 선한 업에는 상을 주고 천계에 태어나며 악한 업에는 벌을 주고 삼악도에 떨어지게 판정하는데, 시시비비의 정에 끌리지 않고 고락을 내려줌에 치우침이 없습니다.

伏願 遙聞讚語 各運懽⁶¹⁾心 仗 三寶之威光 現
복원 요문찬어 각운환 심 장 삼보지위광 현

五通之妙用 出自寶殿 辭別冥司 王乘則
오통지묘용 출자보전 사별명사 왕승즉

玉輦金輿 臣駕則紅霞彩霧 匡諸部衆 允副
옥련금여 신가즉홍하채무 광제부중 윤부

香壇 謹秉一心 先陳三請
향단 근병일심 선진삼청

엎드려, 멀리서 찬탄하는 말씀을 들으시고 각각 기뻐하는 마음을 돌리시어 삼보님의 자비광명에 의지하고 오통의 오묘한 운용을 드러내 보배 궁전에서 나오시어 명부의 직책을 잠시 떠나, 왕께서는 옥련(玉輦)과 금여

---

61) 『예수시왕생칠재찬의』(『한의총』2, 72하)에는 '懽'으로 나온다.

(金輿)에 오르시고, 신(臣)은 홍하(紅霞)와 채무(彩霧)를 타시어, 보좌하는 여러 부서의 무리들과 함께 향단(香壇)에 이르시기를 바랍니다. 삼가 일심으로 먼저 삼청을 펼칩니다.

지금부터 중상단을 청하기 시작한다.

一心奉請 酆都大帝 下元地官 十方法界地府
일심봉청 풍도대제 하원지관 시방법계지부
一切聖衆 惟願 承三寶力 仗秘密語 今日今時
일체성중 유원 승삼보력 장비밀어 금일금시
來臨法會[62] 受此供養
내림법회 수차공양

일심으로 풍도대제(酆都大帝)와 하원지관(下元地官)과 시방 법계(法界) 지부(地府)의 일체 성현 대중을 받들어 청하오니 삼보님의 힘을 받들고 비밀 다라니에 의지하여 오늘 이 시간에 법회에 오셔서 공양을 받으소서.

香花請 [삼설]
향 화 청

歌詠
가 영
深仁大帝示權衡 隨處隨時刹刹形
심인대제시권형 수처수시찰찰형
正體麗容何似比 琉璃盤上寶珠明
정체려용하사비 유리반상보주명

---

62) 1632년 용복사 판에는 풍도대제 소청이 보이지 않는다.

인이 깊으신 풍도대제는 저울 들고
처소와 때를 따라 모습을 나타나시네.
바른 몸 고운 모습 무엇이 비교되랴
유리 쟁반 위 보배구슬같이 빛나네.

故我一心歸命頂禮 [반절]
고 아 일 심 귀 명 정 례

一心奉請　遣使者時　令乘黑馬　手把黑幡
일 심 봉 청　견 사 자 시　영 승 흑 마　수 파 흑 번
身着黑衣　檢亡人家　造何功德　准名放牒
신 착 흑 의　검 망 인 가　조 하 공 덕　준 명 방 첩
抽出罪人　不違誓願　第一　秦廣大王　竝從眷屬
추 출 죄 인　불 위 서 원　제 일　진 광 대 왕　병 종 권 속
惟願承三寶力　仗秘密語　今日今時　來臨法會
유 원 승 삼 보 력　장 비 밀 어　금 일 금 시　내 림 법 회
受此供養
수 차 공 양

일심으로 사자를 보낼 때는 검은 말을 타도록 하고 몸에는 검은 번기를
들게 하며 몸에는 검은 옷을 입게 하여 망인의 집안을 검색하여 어떤 공
덕을 지었는지를 이름에 준하는 첩문을 보내 죄인을 추출하되 서원을 어
기지 않는 제일 진광대왕과 따르는 권속들을 받들어 청하오니 삼보님의
힘을 받들고 비밀다라니에 의지하여 오늘 이 시간에 법회에 오셔서 공양
을 받으소서.

香花請 [삼설]
향 화 청

歌詠
가영

普天寒氣振陰綱 正令全提第一場
보 천 한 기 진 음 강 정 령 전 제 제 일 장

鍛鐵錬金重下手 始知良匠意難量
단 철 연 금 중 하 수 시 지 양 장 의 난 량

넓은 하늘 찬 기운은 음계에 떨치고
첫째 재판에서 바른 영(令)을 온전히 제시하네.
쇠붙이를 단련(鍛鍊)하여 거듭해서 솜씨 보이니
솜씨 좋은 이 재기 어려운 줄 비로소 알게 되네.

故我一心歸命頂禮 [반절]
고 아 일 심 귀 명 정 례

一心奉請 住不思儀 大乘菩薩 首願攝化 極苦衆
일 심 봉 청 주 불 사 의 대 승 보 살 수 원 섭 화 극 고 중

生 權現示跡 大叫喚獄 植本慈心 第二 初江大王
생 권 현 시 적 대 규 환 옥 식 본 자 심 제 이 초 강 대 왕

竝從眷屬 惟願 承 三寶力 仗 秘密語 今日今時
병 종 권 속 유 원 승 삼 보 력 장 비 밀 어 금 일 금 시

來臨法會 受此供養
내 림 법 회 수 차 공 양

일심으로, 부사의한 자리에 머무시는 대승보살은 먼저 중생을 교화하고
포섭할 것을 서원하고 고통받는 중생을 건지시고 방편으로 자취를 나타
내며 크게 고통 받는 지옥중생을 불러 근본의 자비심을 심어주시는 제2
초강대왕과 따르는 권속들을 받들어 청하오니, 삼보님의 힘을 받들고 비
밀다라니에 의지하여 오늘 이 시간에 법회에 오셔서 공양을 받으소서.

香花請 [삼설]
향 화 청

歌詠
가 영

沃焦山作陷人機 上下烘窯火四支
옥 초 산 작 함 인 기　상 하 홍 요 화 사 지

忍見忍聞經幾劫 外威還似不慈悲
인 견 인 문 경 기 겁　외 위 환 사 불 자 비

옥초산[63]에 사람들이 빠지는 기계 만들고
위아래로 오르내리는 숯가마에 사지를 삶네.
차마 보고 듣지 못하며 몇 겁이 지났는가?
위엄이 있으나 자비롭지 않은 듯이 보이네.

故我一心歸命頂禮 [반절]
고 아 일 심 귀 명 정 례

一心奉請 檢察人天 所作果報 有一比丘 俱犯重
일 심 봉 청　검 찰 인 천　소 작 과 보　유 일 비 구　구 범 중

罪 知一字噬 才擧心頭 四面刀山 一時撲落 王拜
죄　지 일 자 람　재 거 심 두　사 면 도 산　일 시 박 락　왕 배

禮曰 隨意往生 第三 宋帝大王 竝從眷屬 惟願 承
례 왈　수 의 왕 생　제 삼　송 제 대 왕　병 종 권 속　유 원　승

三寶力 仗 秘密語 今日今時 來臨法會 受此供養
삼 보 력　장　비 밀 어　금 일 금 시　내 림 법 회　수 차 공 양

---

63) 옥초산: 4대주 바깥으로 산 전체가 쇠로 된 철위산(鐵圍山)이 둘러쳐져 있다. 이 산 때문
에 바다의 물이 줄지 않는다고 한다. 또 그 바다 한가운데는 물을 흡수하는 옥초(沃焦)라
는 돌이 있는데 크기가 매우 커서 산과 같다고 하여 옥초산(沃焦山)이라고 한다. 옥초산
은 결국 인간이 끊임없는 번뇌와 집착 때문에 항상 괴로움을 자초함을 상징한다.

일심으로, 인간세상 지은 과보 살피다가 중죄를 지었으나 람자 한자를 아는 비구가 마음에 람자를 새기자 사면의 칼산이 일시에 떨어져 나가는 것을 보고 "마음대로 극락세계 왕생하소서."라고 절하며 말씀하신 제3 송제대왕과 따르는 권속들을 받들어 청하오니 삼보님의 힘을 받들고 비밀다라니에 의지하여 오늘 이 시간에 법회에 오셔서 공양을 받으소서.

香花請 [삼설]
향 화 청

歌詠
가 영

四面刀山萬仞危 突然狂漢透重圍
사 면 도 산 만 인 위   돌 연 광 한 투 중 위
丈夫不在羅籠裡 但向人天辨是非
장 부 부 재 라 롱 리   단 향 인 천 변 시 비

사면에는 칼산이 만 길의 절벽인데,
갑자기 미친 사내 포위망 뚫네.
대장부 그물 속에 갇히지 않아
인간 세상 향해 시비를 가려내네.

故我一心歸命頂禮 [반절]
고 아 일 심 귀 명 정 례

一心奉請 於諸善惡 不傾左右 直截而斷 使無滯
일 심 봉 청   어 제 선 악   불 경 좌 우   직 절 이 단   사 무 체
碍 空中懸秤 秤量業因 第四 五官大王 竝從眷屬
애   공 중 현 칭   칭 량 업 인   제 사   오 관 대 왕   병 종 권 속
惟願 承 三寶力 仗 秘密語 今日今時 來臨法會
유 원 승 삼 보 력 장 비 밀 어 금 일 금 시 내 림 법 회
受此供養
수 차 공 양

일심으로, 모든 선악에 대해 좌우 어느 쪽으로 기울지 않고 바르게 판단하여 단정하되 걸림이 없게 하며 공중에 저울을 달아놓고 업의 원인 재어보는 제4 오관대왕과 따르는 권속들을 받들어 청하오니 삼보님의 힘을 받들고 비밀다라니에 의지하여 오늘 이 시간에 법회에 오셔서 공양을 받으소서.

香花請 [삼설]
향 화 청

歌詠
가 영

淸白家風直似衡 豈隨高下落人情
청 백 가 풍 직 사 형 기 수 고 하 락 인 정
秤頭不許蒼蠅坐 些子傾時失正平
칭 두 불 허 창 승 좌 사 자 경 시 실 정 평

청백리 가풍 곧기가 저울과 같으니
지위 고하에 따라 인정에 끌리랴.
저울에 파리조차 앉지 못하게 해서
정평을 조금도 잃지 않게 하네.

故我一心歸命頂禮 [반절]
고 아 일 심 귀 명 정 례

一心奉請 於未來世 當得作佛 號普現王如來
일 심 봉 청 어 미 래 세 당 득 작 불 호 보 현 왕 여 래
十號具足 國土嚴淨 百寶莊嚴 國名華嚴 菩薩充滿
십 호 구 족 국 토 엄 정 백 보 장 엄 국 명 화 엄 보 살 충 만
第五 閻羅大王 竝從眷屬 惟願 承 三寶力 仗 秘密語
제 오 염 라 대 왕 병 종 권 속 유 원 승 삼 보 력 장 비 밀 어
今日今時 來臨法會 受此供養
금 일 금 시 내 림 법 회 수 차 공 양

일심으로, 미래세에 성불하여 보현왕여래라 불리며 십 호가 구족되고 국
토가 깨끗하게 장엄되고 백 가지 보배로 장엄하여 나라 이름 화엄이고
보살이 가득하게 되는 제5 염라대왕과 따르는 권속들을 받들어 청하오
니 삼보님의 힘을 받들고 비밀다라니에 의지하여 오늘 이 시간에 법회에
오셔서 공양을 받으소서.

香花請 [삼설]
향 화 청

歌詠
가 영

冥威獨出十王中 五道奔波盡向風
명 위 독 출 시 왕 중 　 오 도 분 파 진 향 풍

聖化包容如遠比 人間無水不朝東
성 화 포 용 여 원 비 　 인 간 무 수 불 조 동

염라대왕 위엄은 시왕 중에 으뜸
오도중생 바람같이 달려오네.
성인께서 교화해 수용함을 비교할 수 없고
인간세계 물은 동쪽으로만 흐르지 않네.

故我一心歸命頂禮 [반절]
고 아 일 심 귀 명 정 례

一心奉請 罪人所喫 平生之肉 若非父母 不入於口
일 심 봉 청 　 죄 인 소 끽 　 평 생 지 육 　 약 비 부 모 　 불 입 어 구

赤血淋漓 斗之如山 盡被罪則 何劫有限 斷分出獄
적 혈 임 리 　 두 지 여 산 　 진 피 죄 즉 　 하 겁 유 한 　 단 분 출 옥

第六 變成大王 竝從眷屬 惟願 承 三寶力 仗 秘
제 육 　 변 성 대 왕 　 병 종 권 속 　 유 원 　 승 　 삼 보 력 　 장 　 비

密語 今日今時 來臨法會 受此供養
밀 어 　 금 일 금 시 　 내 림 법 회 　 수 차 공 양

일심으로, 죄인이 평생 동안 먹은 고기는 부모가 아니라면 입에 넣지 않았고, 붉은 피가 젖어 스며드니 재어 보면 바다 같아, 그 죄를 받게 되면 얼마만큼 기한이 돼야 그것을 끊고 지옥에서 나오랴, 제6 변성대왕과 따르는 권속들을 받들어 청하오니, 삼보님의 힘을 받들고 비밀다라니에 의지하여 오늘 이 시간에 법회에 오셔서 공양을 받으소서.

香花請 [삼설]
향 화 청

歌詠
가 영

罪案堆渠所作因 口中甘咀幾雙親
죄 안 퇴 거 소 작 인 구 중 감 저 기 쌍 친

大王尚作慈悲父 火獄門開放此人
대 왕 상 작 자 비 부 화 옥 문 개 방 차 인

가득 쌓인 죄목 문서의 원인들은
얼마나 많은 양친을 달게 먹었나.
대왕은 오히려 자비하신 부모 되어
불지옥 문을 열어 이런 사람 놓아주네.

故我一心歸命頂禮 [반절]
고 아 일 심 귀 명 정 례

一心奉請 世人癡甚 雖請冥司 不以禮儀 然依佛
일 심 봉 청 세 인 치 심 수 청 명 사 불 이 예 의 연 의 불

勅 乃請供養 收錄善案 第七 泰山大王 竝從眷屬
칙 내 청 공 양 수 록 선 안 제 칠 태 산 대 왕 병 종 권 속

惟願 承 三寶力 仗 秘密語 今日今時 來臨法會
유 원 승 삼 보 력 장 비 밀 어 금 일 금 시 내 림 법 회

受此供養
수 차 공 양

일심으로, 세상 사람들의 어리석음이 심하여 비록 명부 관리를 청해도
예의에 어긋난다. 그래서 붓다의 가르침에 의지하여 곧 청해 공양 올리
면 선한 일을 한 사람의 기록문서에 기록하는 제7 태산대왕과 따르는 권
속들을 받들어 청하오니, 삼보님의 힘을 받들고 비밀다라니에 의지하여
오늘 이 시간에 법회에 오셔서 공양을 받으소서.

香花請 [삼설]
향 화 청

歌詠
가 영
人頑耳目禮雖違 稍順冥規敬向歸
인 완 이 목 례 수 위   초 순 명 규 경 향 귀
智不嘖⁶⁴⁾愚言可採 一毫微善捨前非
지 불 책   우 언 가 채   일 호 미 선 사 전 비

완고한 이는 듣고 눈으로만 절해 예의에 어긋나나
조금씩 명부의 규율 따라 공경히 귀의하네.
지혜로운 이는 어리석은 이 나무라지 않고 말로 가려
작은 선행만 있어도 이전의 잘못을 없애주시네.

故我一心歸命頂禮 [반절]
고 아 일 심 귀 명 정 례

一心奉請 了知亡人 平生之業 非但了知 現行善
일 심 봉 청 요 지 망 인 평 생 지 업 비 단 요 지 현 행 선
惡 亦能細察 心念隱行 不錯絲毫 第八 平等大王
악 역 능 세 찰 심 념 은 행 불 착 사 호 제 팔 평 등 대 왕

---

64) 유통본에는 '責'으로 나오나 『예수시왕생칠재찬의』(『한의총』2, 74하)에는 '嘖'임.

竝從眷屬 惟願 承 三寶力 仗 秘密語 今日今時
병 종 권 속　유 원　승　삼 보 력　장　비 밀 어　금 일 금 시
來臨法會 受此供養
내 림 법 회　수 차 공 양

일심으로, 망인의 평생 지은 업을 분명히 알며, 단지 현재 지은 선악을
아는 것이 아니라 마음으로 생각하되 은밀히 실천하는 것까지 세밀히 관
찰하여 조금도 착오가 없으신 제8 평등대왕과 따르는 권속들을 받들어
청하오니, 삼보님의 힘을 받들고 비밀다라니에 의지하여 오늘 이 시간에
법회에 오셔서 공양을 받으소서.

香花請 [삼설]
향 화 청

歌詠
가 영
明鏡當臺照膽肝 物逃姸媸也應難
명 경 당 대 조 담 간　물 도 연 치 야 응 난
諒哉入妙皆神決 鑑與王心一處安
양 재 입 묘 개 신 결　감 여 왕 심 일 처 안

명경대는 간담까지 비추니
중생들이 곱고 추함에서 벗어나고자 어렵네.
진실하다, 미묘한 데 듦이 다 신기하게 터지니
왕의 마음과 같이 일체를 살펴 평안하게 하네.

故我一心歸命頂禮 [반절]
고 아 일 심 귀 명 정 례

一心奉請 佛不能救 衆生定業 若不蒙我
일심봉청 불불능구 중생정업 약불몽아

冥王本願 三界衆生 永劫不出 猛火地獄
명왕본원 삼계중생 영겁불출 맹화지옥

一日一例[65] 彈指滅火 第九 都市大王 竝從眷屬
일일일 탄지멸화 제구 도시대왕 병종권속

惟願承 三寶力 仗 秘密語 今日今時 來臨法會
유원승 삼보력 장 비밀어 금일금시 내림법회

受此供養
수차공양

일심으로, 정해진 업이 있는 중생은 붓다도 구하지 못하니 명왕의 본원을 입지 않으면 삼계의 중생이 하루 한 번 맹렬한 불길이 치솟는 지옥을 영원히 벗어날 수 없는데 탄지 간에 불길을 소멸하는 제9 도시대왕과 따르는 권속을 받들어 청하오니 삼보님의 힘을 받들고 비밀다라니에 의지하여 오늘 이 시간에 법회에 오셔서 공양을 받으소서.

香花請 [삼설]
향 화 청

歌詠
가 영

火爲孤魂長旱魃 佛因三難絶慈雲
화 위 고 혼 장 한 발 불 인 삼 난 절 자 운

乾坤盡入烘爐裏 幾望吾王雨露恩
건 곤 진 입 홍 로 리 기 망 오 왕 우 로 은

불길은 고혼 위해 오래도록 한발이고
붓다는 삼난(三難)[66]으로 자비 구름 끊어지네.

---

65) 석문의범에는 '夜'
66) 삼난(三難): 3악도(惡道)의 고난.

하늘땅이 모두 화로 속에 들어가니
우리 왕의 은혜 입기 몇 번이나 바랐던가.

故我一心歸命頂禮 [반절]
고 아 일 심 귀 명 정 례

一心奉請 若無地獄 無一衆生 得成正覺 興悲降
일 심 봉 청 약 무 지 옥 무 일 중 생 득 성 정 각 흥 비 강
尊 勸成佛道 第十 五道轉輪大王 並從眷屬
존 권 성 불 도 제 십 오 도 전 륜 대 왕 병 종 권 속
惟願 承三寶力 仗秘密語 今日今時 來臨法會
유 원 승 삼 보 력 장 비 밀 어 금 일 금 시 내 림 법 회
受此供養
수 차 공 양

일심으로, 지옥이 없어지고 그곳에 한 중생도 없다면 정각을 이뤘을 것
이나 자비를 일으켜 강탄하신 존자시며 성불의 길을 권하시는 제10 오도
전륜대왕과 따르는 권속들을 받들어 청하오니, 삼보님의 힘을 받들고 비
밀다라니에 의지하여 오늘 이 시간에 법회에 오셔서 공양을 받으소서.

香花請 [삼설]
향 화 청

歌詠
가 영

古聖興悲作此身 逢場降跡現冥因
고 성 흥 비 작 차 신 봉 장 강 적 현 명 인
棒[67]杈若不橫交用 覺地猶難見一人
방 차 약 불 횡 교 용 각 지 유 난 견 일 인

---

67) 유통본에는 '棒'으로 나오나 『예수시왕생칠재찬의』(『한의총』2, 75상)에는 '捧'임.

옛 성인 자비심을 일으켜 전륜왕이 되셨으니
만나는 곳마다 자취 내려 명부 업인 나타내네.
몽둥이와 작살 번갈아 쓰지 않는다면
깨달음에 이르는 이 보기 어려우리라.

故我一心歸命頂禮 [반절]
고 아 일 심 귀 명 정 례

　지금까지 시왕과 권속의 중상단을 청하였다. 이제부터는 중중단
을 청하는 순서이다.

一心奉請 佛在世時 地獄生蓮 下及衰季 不信佛語
일 심 봉 청 불 재 세 시 지 옥 생 련 하 급 쇠 계 불 신 불 어
罪決如麻 勞身問事 愍他癡業 二十六位判官
죄 결 여 마 노 신 문 사 민 타 치 업 이 십 육 위 판 관
三元將軍[68] 第一夏判官 第二宋判官 第三盧判官
삼 원 장 군 제 일 하 판 관 제 이 송 판 관 제 삼 노 판 관
第四司命判官 第五舒判官 第六王判官 第七
제 사 사 명 판 관 제 오 서 판 관 제 육 왕 판 관 제 칠
裵判官 第八曺判官 第九馬判官 第十趙判官
배 판 관 제 팔 조 판 관 제 구 마 판 관 제 십 조 판 관
第十一崔判官 第十二甫判官 第十三熊判官
제 십 일 최 판 관 제 십 이 보 판 관 제 십 삼 웅 판 관
第十四皇甫判官 第十五鄭判官 第十六河判官
제 십 사 황 보 판 관 제 십 오 정 판 관 제 십 육 하 판 관
第十七功判官 第十八胡判官 第十九傅判官
제 십 칠 공 판 관 제 십 팔 호 판 관 제 십 구 부 판 관
第二十屈判官 第二十一陳判官 第二十二陸判官
제 이 십 굴 판 관 제 이 십 일 진 판 관 제 이 십 이 육 판 관

---

68) 하판관에서 영기등중이 중단이 된다.

第二十三印判官 第二十四掌算判官 第二十五江
제 이 십 삼 인 판 관　제 이 십 사 장 산 판 관　제 이 십 오 강

漢判官 第二十六庚判官 上元周將軍 中元葛將軍
한 판 관　제 이 십 육 유 판 관　상 원 주 장 군　중 원 갈 장 군

下元唐將軍 各竝眷屬 惟願 承三寶力 仗秘密語
하 원 당 장 군　각 병 권 속　유 원　승 삼 보 력　장 비 밀 어

今日今時 來臨法會 受此供養
금 일 금 시　내 림 법 회　수 차 공 양

일심으로, 붓다님 세상에 계실 때에는 지옥에도 연꽃이 피었지만 불법이
쇠퇴할 시기에 이르러 붓다님의 말씀을 믿지 않아 죄의 심판을 받는 이
가 삼씨처럼 많아지니 몸이 피곤하도록 다른 이의 어리석은 업보를 불쌍
히 여기는 제1 하(夏)판관, 제2 송(宋)판관, 제3 노(盧)판관, 제4 수명(壽命)
을 담당한 판관, 제5 서(舒)판관, 제6 왕(王)판관, 제7 배(裴)판관, 제8 조
(曺)판관, 제9 마(馬)판관, 제10 조(趙)판관, 제11 최(崔)판관, 제12 보(甫)판
관, 제13 웅(熊)판관, 제14 황보(皇甫)판관, 제15 정(鄭)판관, 제16 하(河)판
관, 제17 공(功)판관, 제18 호(胡)판관, 제19 부(傅)판관, 제20 굴(屈)판관,
제21 진(陳)판관, 제22 육(陸)판관, 제23 인(印)판관, 제24 장산(掌筭)판관,
제25 강한(江漢)판관, 제26 유(庚)판관, 상원(上元) 주(周)장군, 중원(中元) 갈
(葛)장군, 하원(下元) 당(唐)장군의 26위 판관(判官)들과 삼원장군(三元將軍)과
각각 그를 따르는 권속들을 받들어 청하오니, 삼보님의 힘을 받들고 비
밀다라니에 의지하여 오늘 이 시간에 법회에 오셔서 공양을 받으소서.

香花請 [삼설]
　향 화 청

　　歌詠
　　가 영
四海澄清共一家 訟庭寥寂絶囂嘩
사 해 징 청 공 일 가　송 정 요 적 절 효 화

如今世亂皆群犬 空使諸司判事多
여 금 세 란 개 군 견 공 사 제 사 판 사 다

맑은 사대해는 모두 한 집안
송사 마당 조용하고 시끄러움 끊어지네.
요즘의 어지러운 세상은 개들 세상
공연히 판관들만 수고롭게 하네.

故我一心歸命頂禮 [반절]
고 아 일 심 귀 명 정 례

자세하게 청할 때는 이와 같이 하고, 간략하게 청할 때는 명목을
나열하지 않고 하는 것도 가하다.

一心奉請 牙如劍樹 口似血盆 揮劍眼運
일 심 봉 청 아 여 검 수 구 사 혈 분 휘 검 안 운
擧棒魂亡 權示嚴威 伏諸惡魔 廣度群迷
거 봉 혼 망 권 시 엄 위 복 제 악 마 광 도 군 미
三十七位鬼王 第一無毒鬼王 第二惡毒鬼王
삼 십 칠 위 귀 왕 제 일 무 독 귀 왕 제 이 악 독 귀 왕
第三惡目鬼王 第四諍惡鬼王 第五大諍惡鬼王
제 삼 악 목 귀 왕 제 사 쟁 악 귀 왕 제 오 대 쟁 악 귀 왕
第六白虎鬼王 第七血虎鬼王 第八赤虎鬼王
제 육 백 호 귀 왕 제 칠 혈 호 귀 왕 제 팔 적 호 귀 왕
第九散殃鬼王 第十飛身鬼王 第十一電光鬼王
제 구 산 앙 귀 왕 제 십 비 신 귀 왕 제 십 일 전 광 귀 왕
第十二狼牙鬼王 第十三千助鬼王 第十四啗
제 십 이 낭 아 귀 왕 제 십 삼 천 조 귀 왕 제 십 사 담
獸鬼王 第十五負石鬼王 第十六主耗鬼王
수 귀 왕 제 십 오 부 석 귀 왕 제 십 육 주 모 귀 왕

第十七主禍鬼王 第十八主食鬼王 第十九主
제 십 칠 주 화 귀 왕　제 십 팔 주 식 귀 왕　제 십 구 주

財鬼王 第二十主畜鬼王 第二十一主禽鬼王
재 귀 왕　제 이 십 주 축 귀 왕　제 이 십 일 주 금 귀 왕

第二十二主獸鬼王 第二十三主魅鬼王 第二十四
제 이 십 이 주 수 귀 왕　제 이 십 삼 주 매 귀 왕　제 이 십 사

主産鬼王 第二十五主命鬼王 第二十六主疾鬼王
주 산 귀 왕　제 이 십 오 주 명 귀 왕　제 이 십 육 주 질 귀 왕

第二十七主儉鬼王 第二十八主目鬼王 第二十九
제 이 십 칠 주 검 귀 왕　제 이 십 팔 주 목 귀 왕　제 이 십 구

四目鬼王 第三十五目鬼王 第三十一那利叉鬼王
사 목 귀 왕　제 삼 십 오 목 귀 왕　제 삼 십 일 나 리 차 귀 왕

第三十二大那利叉鬼王 第三十三阿那吒鬼王
제 삼 십 이 대 나 리 차 귀 왕　제 삼 십 삼 아 나 타 귀 왕

第三十四大阿那吒鬼王 第三十五主陰鬼王
제 삼 십 사 대 아 나 타 귀 왕　제 삼 십 오 주 음 귀 왕

第三十六虎目鬼王 第三十七南安鬼王 各竝眷屬
제 삼 십 육 호 목 귀 왕　제 삼 십 칠 남 안 귀 왕　각 병 권 속

惟願 承 三寶力 仗 秘密語 今日今時 來臨法會
유 원 승 삼 보 력 장 비 밀 어 금 일 금 시 내 림 법 회

受此供養
수 차 공 양

일심으로, 어금니는 칼을 세워 놓은 듯 입은 피를 담은 항아리 같아, 칼
을 휘두르고 눈을 부라리며, 몽둥이를 들면 혼이 나가고 방편으로 위엄
을 보이면 모든 악마들이 항복하며, 널리 많은 중생을 건지는 37지위의
귀왕들인 제1 무독귀왕(無毒鬼王), 제2 악독(惡毒)귀왕, 제3 악목(惡目)귀왕,
제4 다투는 악한 귀왕, 제5 크게 다투는 악한 귀왕, 제6 백호(白虎)귀왕,
제7 혈호(血虎)귀왕, 제8 적호(赤虎)귀왕, 제9 재앙을 흩는 귀왕, 제10 몸
이 날아다니는 귀왕, 제11 전광(電光)귀왕, 제12 이리 어금니가 난 귀왕,
제13 천조(千助) 귀왕, 제14 짐승을 씹어 먹는 귀왕, 제15 돌을 짊어진 귀
왕, 제16 소모(消耗)를 주관하는 귀왕, 제17 화(禍)를 주관하는 귀왕, 제18
음식을 주관하는 귀왕, 제19 재물을 주관하는 귀왕, 제20 가축을 주관하

는 귀왕, 제21 새를 주관하는 귀왕, 제22 짐승을 주관하는69) 귀왕, 제23 도깨비를 주관하는 귀왕, 제24 생산을 주관하는 귀왕, 제25 수명을 주관하는 귀왕, 제26 질병을 주관하는 귀왕, 제27 검소함을 주관하는 귀왕, 제28 눈을 주관하는 귀왕, 제29 눈이 네 개 달린 귀왕, 제30 눈이 다섯 개 달린 귀왕, 제31 나리차(那利又)귀왕, 제32 큰 나리차귀왕, 제33 아나타(阿那吒)귀왕, 제34 큰 아나타귀왕, 제35 음계를 주관하는 귀왕, 제36 호랑이의 눈을 가진 귀왕, 제37 남안(南安)귀왕과 그를 따르는 권속들을 받들어 청하오니 삼보님의 힘을 받들고 비밀다라니에 의지하여 오늘 이 시간에 법회에 오셔서 공양을 받으소서.

香花請 [삼설]
향 화 청

歌詠
가 영

倚天長劒丈夫行 各逞威風眼電70)光
의 천 장 검 장 부 행　각 령 위 풍 안 전　광

棒下有人知痛否 一拳拳倒太山岡
방 하 유 인 지 통 부　일 권 권 도 태 산 강

하늘에 의지한 장검 찬 장부의 걸음
위풍이 당당하고 안광이 빛나
몽둥이 아픔을 아는 이 있을까
한 주먹으로 태산을 무너뜨리네.

故我一心歸命頂禮 [반절]
고 아 일 심 귀 명 정 례

---

69) 원문에는 '삼수(三獸)'로 되어 있는데 문장의 흐름에 맞지 않고 다른 판본 네 곳에 삼(三)자가 주(主)자로 되어 있으므로 이를 따라 번역함.
70) 필사본 電이 前으로 나옴.

一心奉請 引魂赴齋 往來冥路 見妙花水 悅之欲
일심봉청 인혼부재 왕래명로 견묘화수 열지욕
入 謂亡人曰 我見仙溪 汝入是湯 護持指路
입 위망인왈 아견선계 여입시탕 호지지로
善符童子 惡符童子 監齋使者 直府使者 追魂
선부동자 악부동자 감재사자 직부사자 추혼
使者 注魂使者 黃川引路 五位使者 年直使者
사자 주혼사자 황천인로 오위사자 연직사자
月直使者 日直使者 時直使者 諸地獄 官典使者
월직사자 일직사자 시직사자 제지옥 관전사자
諸位馬直使者 府吏使者 護法善神 土地靈祇等衆
제위마직사자 부리사자 호법선신 토지영기등중
各竝眷屬 惟願 承 三寶力 仗 秘密語 今日今時
각병권속 유원 승 삼보력 장 비밀어 금일금시
來臨法會
내림법회

일심으로, 영혼을 인도하여 재장(齋場)에 이르게 하는데, 영혼이 명부의
길을 오가다가 묘화수(妙花水)를 보고 기뻐하며 물속으로 뛰어들려고 하
면, 죽은 이에게 "나는 신선의 내를 보았는데, 너는 이 물에 들어가려 하
느냐?"라고 하며 타이르고 그를 보호하여 길을 인도하는 분과 그리고 선
행(善行)을 기록하는 동자, 악행(惡行)을 기록하는 동자, 재를 감독하는 사
자, 직부(直府)사자, 추혼(追魂)사자, 주혼(注魂)사자, 황천(黃川)의 길을 인
도하는 오위사자, 연직(年直)사자, 월직(月直)사자, 일직(日直)사자, 시직(時
直)사자, 모든 지옥의 관전(官典)사자, 모든 마직(馬直)사자, 부리(府吏)사자,
법을 보호하는 선신, 토지를 맡은 신령 귀신들과 그를 따르는 권속들을
받들어 청하오니, 삼보님의 힘을 받들고 비밀다라니에 의지하여 오늘 이
시간에 법회에 오십시오.

香花請 [삼설]
향 화 청

歌詠
가 영

來往群官指路頭 黃泉風景卽仙遊
내 왕 군 관 지 로 두 황 천 풍 경 즉 선 유

行人不識桃源洞 只說香葩泛水流
행 인 불 식 도 원 동 지 설 향 파 범 수 류

오고 가는 뭇 관리 길을 일러주고
황천의 풍경은 신선이 노니는 곳
가는 이는 무릉도원인지 모르고
향기로운 꽃이 흐르는 물을 설하네.

故我一心歸命頂禮 [반절]
고 아 일 심 귀 명 정 례

이제부터는 중하단을 청한다.

一心奉請 先正自身 考理萬條 不錯一事 不義之
일 심 봉 청 선 정 자 신 고 리 만 조 불 착 일 사 불 의 지

聲 不入王耳 第一 秦廣大王 案列從官[71] (判官 鬼王
성 불 입 왕 이 제 일 진 광 대 왕 안 렬 종 관   판 관 귀 왕

二符 四直 監齋 直府) [泰山柳判官 泰山周判官 都句宋
이 부 사 직 감 재 직 부   태 산 유 판 관 태 산 주 판 관 도 구 송

判官 大陰夏候判官 那利失鬼王 惡毒鬼王 負石
판 관 대 음 하 후 판 관 나 리 실 귀 왕 악 독 귀 왕 부 석

鬼王 大諍鬼王 注善童子 注惡童子 年直使者 月
귀 왕 대 쟁 귀 왕 주 선 동 자 주 악 동 자 연 직 사 자 월

直使者 日直使者 時直使者 監齋使者 直府使者]
직 사 자 일 직 사 자 시 직 사 자 감 재 사 자 직 부 사 자

---

71) 중하단 소청을 할 때 ( )부분 중심으로 청할 때는 [ ]부분은 생략하고 "第一秦廣大王
제 일 진 광 대 왕
案列從官 判官鬼王 二符四直 監齋直符 등중~"으로 청한다. [ ] 부분을 중심으로 청할
안 렬 종 관 판 관 귀 왕 이 부 사 직 감 재 직 부
때는 "第一秦廣大王 案列從官"에 ( ) 부분은 생략하고 [ ] 부분으로 이어 청한다.
제 일 진 광 대 왕 안 렬 종 관

等衆 各竝眷屬 惟願 承 三寶力 仗 秘密語 今日
등 중 각 병 권 속 유 원 승 삼 보 력 장 비 밀 어 금 일

今時 來臨法會
금 시 내 림 법 회

일심으로, 먼저 자기 자신부터 바르게 하고, 온갖 조항을 고찰하여 다스
리며, 한 가지 일이라도 옳지 못한 소리는 왕의 귀에 들어가지 않게 하는
제1 진광대왕의 책상 앞에 나열한 종관(從官) 판관[태산(泰山) 유(柳)판관, 태산
주(周)판관, 도구(都句) 송(宋)판관, 대음(大陰) 하후(夏候)판관], 귀왕[나리실(那利失)귀
왕, 악독귀왕, 돌을 짊어진 귀왕, 크게 다투는 악한 귀왕], 이부동자[선행을 한 이를 주
관하는 동자, 악행을 한 이를 주관하는 동자], 사직사자[연직사자, 월직사자, 일직사자,
시직사자], 감재사자 직부사자 등과 각각 이를 따르는 권속들을 받들어 청
하오니, 삼보님의 힘을 받들고 비밀다라니에 의지하여 오늘 이 시간에
법회에 오십시오.

香花請 [삼설]
향 화 청

歌詠
가 영

敬衛庭前劍戟橫 此王僚佐盡賢良
경 위 정 전 검 극 횡 차 왕 료 좌 진 현 량

一宮灑掃先從外 豈與無辜枉不殃
일 궁 쇄 소 선 종 외 기 여 무 고 왕 불 앙

칼과 창을 가로 들고 호위하는
이 대왕의 신료들은 어질고 착하다네.
바깥부터 물뿌리고 쓸어 궁전을 깨끗이 하고
어찌 무고한 사람이 억울하게 재앙을 받으랴

故我一心歸命頂禮 [반절]
고 아 일 심 귀 명 정 례

一心奉請 不義取財 君子不爲 臣如割民 天子之
일심봉청 불의취재 군자불위 신여할민 천자지

咎 直諫於王 罰貪使者 第二 初江大王 案列從
구 직간어왕 벌탐사자 제이 초강대왕 안열종

官[72] (判官 鬼王 二府 四直 監齋 直府) [泰山王判官 泰山宰判
관   판관 귀왕 이부 사직 감재 직부   태산왕판관 태산재판

官 都推盧判官 泰山楊判官 上元周將軍 那利失
관 도추노판관 태산양판관 상원주장군 나리실

鬼王 三目鬼王 血虎鬼王 多惡鬼王 注善童子
귀왕 삼목귀왕 혈호귀왕 다악귀왕 주선동자

注惡童子 年直使者 月直使者 日直使者 時直使
주악동자 연직사자 월직사자 일직사자 시직사

者 監齋使者 直府使者]等衆 各竝眷屬 惟願 承
자 감재사자 직부사자 등중 각병권속 유원 승

三寶力 仗 秘密語 今日今時 來臨法會
삼보력 장 비밀어 금일금시 내림법회

일심으로, 불의(不義)의 재물은 취하지 않나니 군자라면 그런 일은 하지
않는 법, 신하들이 만일 백성들의 재물을 빼앗는다면 그것은 천자(天子)
의 허물이라 하시면서, 왕에게 직간(直諫)하면 탐하는 사자(使者)들을 벌주
곤 하는 제2 초강대왕의 책상 앞에 나열한 종관(從官)들인 판관[태산 왕(王)
판관, 태산 재(宰)판관, 도추(都推) 노(盧)판관, 태산 양(楊)판관, 상원(上元) 주(周)장군],
귀왕[나리실(那利失)귀왕, 눈 셋 달린 귀왕, 혈호(血虎)귀왕, 악(惡)이 많은 귀왕] 이부
동자[선한 일 한 이를 주관하는 동자, 악한 일 한 이를 주관하는 동자], 사직사자[연직
사자, 월직사자, 일직사자, 시직사자], 감재사자와 직부사자 등과 각각 이를 따
르는 권속들을 받들어 청하오니, 삼보님의 힘을 받들고 비밀다라니에 의
지하여 오늘 이 시간에 법회에 오십시오.

香花請 [삼설]
향 화 청

---

72) 진광왕 안렬 종관 소청 참조.

歌詠
가영

左右無非是正人 肅然行經絶囂塵
좌 우 무 비 시 정 인 숙 연 행 경 절 효 진

赤身奪暖民休哭 到此門前有諫臣
적 신 탈 난 민 휴 곡 도 차 문 전 유 간 신

좌우에는 바른 사람 도열하고
숙연히 지나가니 시끄러움 사라지네.
붉은 몸 따뜻함을 빼앗으니 백성은 울음을 그치고
문 앞에 이르니 간언하는 충신만 있네.

故我一心歸命頂禮 [반절]
고 아 일 심 귀 명 정 례

一心奉請 世間痴人 費食促命 誠罪人曰 念食來處
일 심 봉 청 세 간 치 인 비 식 촉 명 제 죄 인 왈 염 식 내 처

可除放逸 第三 宋帝大王 案列從官[73] (判官 鬼王 二符
가 제 방 일 제 삼 송 제 대 왕 안 열 종 관　　　판 관 귀 왕 이 부

四直 監齋 直府) [泰山河判官 司命判官 司錄判官 泰
사 직 감 재 직 부　　태 산 하 판 관 사 명 판 관 사 록 판 관 태

山舒判官 泰山柳判官 下元唐將軍 白虎鬼王 赤虎
산 서 판 관 태 산 유 판 관 하 원 당 장 군 백 호 귀 왕 적 호

鬼王 那利失鬼王 注善童子 注惡童子 年直
귀 왕 나 리 실 귀 왕 주 선 동 자 주 악 동 자 연 직

使者 月直使者 日直使者 時直使者 監齋
사 자 월 직 사 자 일 직 사 자 시 직 사 자 감 재

使者 直府使者] 等衆 各竝眷屬 惟願 承 三寶
사 자 직 부 사 자 등 중 각 병 권 속 유 원 승 삼 보

力 仗 秘密語 今日今時 來臨法會
력 장 비 밀 어 금 일 금 시 내 림 법 회

---

73) 진광왕 안렬 종관 소청 참조.

일심으로, 세간의 어리석은 사람들은 음식만 허비하며 수명을 재촉하니, 죄인을 경계하여 "음식이 온 곳을 생각해서 방일한 행동 없애는 게 좋을 것이다"라고 말하시는 제3 송제대왕의 책상 앞에 나열한 종관들인 판관[태산 하(河)판관, 수명을 담당한 판관, 복록을 담당한 판관, 태산 서(舒)판관, 태산 유(柳)판관, 하원(下元) 당(唐)장군], 귀왕[백호(白虎)귀왕, 적호(赤虎)귀왕, 나리실귀왕], 이부동자[선한 일을 한 사람을 주관하는 동자, 악한 일을 한 사람을 주관하는 동자], 사직사자[연직사자, 월직사자, 일직사자, 시직사자] 감재사자와 직부사자 등과 각각 이를 따르는 권속들을 받들어 청하오니, 삼보님의 힘을 받들고 비밀다라니에 의지하여 오늘 이 시간에 법회에 오십시오.

香花請 [삼설]
향 화 청

歌詠
가 영

拈匙先念食之功 粒粒來從佛血中
염 시 선 념 식 지 공 입 립 내 종 불 혈 중
況有耕夫當夏日 汗流田土喘無風
황 유 경 부 당 하 일 한 류 전 토 천 무 풍

수저 들면 먼저 음식에 깃든 공덕을 생각하고
알알이 붓다의 피를 좇아 온 것 같네.
하물며 여름날 농부는 밭을 갈았고
논밭에 땀 적시며 바람 없이 헐떡였네.

故我一心歸命頂禮 [반절]
고 아 일 심 귀 명 정 례

一心奉請 見賢思齊 各守淸白 不貪爲寶 第四
일 심 봉 청 견 현 사 제 각 수 청 백 불 탐 위 보 제 사

五官大王 案列從官[74] (判官 鬼王 二符 四直)[75] [泰山肅判
오 관 대 왕　안 열 종 관　　　판 관　귀 왕　이 부　사 직　　　태 산 숙 판

官 泰山勝判官 諸司檢符判官 司曹襄判官 飛身
관　태 산 승 판 관　제 사 검 부 판 관　사 조 배 판 관　비 신

鬼王 那利叉鬼王 電光鬼王 注善童子 注惡童子
귀 왕　나 리 차 귀 왕　전 광 귀 왕　주 선 동 자　주 악 동 자

年直使者 月直使者 日直使者 時直使者]等衆
연 직 사 자　월 직 사 자　일 직 사 자　시 직 사 자　등 중

各竝眷屬 惟願 承三寶力 仗秘密語 今日今時
각 병 권 속　유 원　승 삼 보 력　장 비 밀 어　금 일 금 시

來臨法會
내 림 법 회

일심으로, 어진 이를 보면 그와 같아지기를 생각하며 각각 청백(淸白)함을 지키고 탐하지 않는 것을 보배로 여기시는 제4 오관왕의 책상 앞에 나열한 종관들인 판관[태산 숙(肅)판관, 태산 승(勝)판관, 문서 검열을 담당한 모든 판관, 사조(司曹) 배(襄)판관], 귀왕[몸이 날아다니는 귀왕, 나리차(那利叉)귀왕, 전광(電光)귀왕], 이부동자[선한 일을 한 사람을 주관하는 동자, 악한 일을 한 사람을 주관하는 동자], 사직사자[연직사자, 월직사자, 일직사자, 시직사자] 등과 각각 이를 따르는 권속들을 받들어 청하오니, 삼보님의 힘을 받들고 비밀다라니에 의지하여 오늘 이 시간에 법회에 오십시오.

香花請 [삼설]
향 화 청

歌詠
가 영

若將珍物落含情 父子相讎拔劒爭
약 장 진 물 락 함 정　부 자 상 수 발 검 쟁

唯有聖王賢內署 臨財揖讓濟群生
유 유 성 왕 현 내 서　임 재 읍 양 제 군 생

---

74) 진광왕 안렬 종관 소청 참조.
75) 제사 오관왕의 권속에는 감재사자 직부사자가 보이지 않는다.

귀중품 갖게 되면 인간세계 떨어져
부자가 원수 되어 칼을 뽑아 다투네.
오직 어진 내서 있는 성왕이라야
재물 앞에 사양하며 중생을 건지네.

故我一心歸命頂禮 [반절]
고 아 일 심 귀 명 정 례

一心奉請 上下平均 盡力佐王 三界物望
일심봉청 상하평균 진력좌왕 삼계물망

皆歸於王 第五閻羅大王 案列從官[76] (判官 鬼王 二符 四直
개귀어왕 제오염라대왕 안열종관   판관 귀왕 이부 사직

監齋 直府) [泰山洪判官 注死馮判官 都司曹判官
감재 직부   태산홍판관 주사풍판관 도사조판관

惡福趙判官 儀同三司大崔判官 千助鬼王 啖獸鬼王
악복조판관 의동삼사대최판관 천조귀왕 담수귀왕

狼牙鬼王 大那利叉鬼王 注善童子 注惡童子 年直
낭아귀왕 대나리차귀왕 주선동자 주악동자 연직

使者 月直使者 日直使者 時直使者 監齋使者 直府
사자 월직사자 일직사자 시직사자 감재사자 직부

使者]等衆 各竝眷屬 惟願 承 三寶力 仗 秘密語 今
사자 등중 각병권속 유원 승 삼보력 장 비밀어 금

日今時 來臨法會
일금시 내림법회

일심으로, 상하(上下)가 골고루 힘을 다해 왕을 도우니, 삼계 중생이 모두
이 왕에게 귀의하기를 바라는 제5 염라대왕의 책상 앞에 나열한 종관들
인 판관[태산 홍(洪)판관, 주사(注死) 풍(馮)판관, 도사 조(曹)판관, 악복(惡福) 조(趙)판
관, 의동삼사(儀同三司)의 큰 최(崔)판관], 귀왕[천조(千助)귀왕, 짐승을 씹어 먹는 귀왕,
이리 어금니를 한 귀왕, 큰 나리차귀왕], 이부동자[선한 일을 한 사람을 주관하는 동자,

---

76) 진광왕 안렬 종관 소청 참조.

악한 일을 한 사람을 주관하는 동자.]와 사직사자[연직사자, 월직사자, 일직사자, 시직
사자], 감재사자, 직부사자 등과 각각 이를 따르는 권속들을 받들어 청하
오니, 삼보님의 힘을 받들고 비밀다라니에 의지하여 오늘 이 시간에 법
회에 오십시오.

香花請 [삼설]
향 화 청

歌詠
가 영

上水澄澄下派淸 鏡懸千古映分明
상 수 징 징 하 파 청 경 현 천 고 영 분 명

邈然海岳歸王化 自是諸賢佐太平
막 연 해 악 귀 왕 화 자 시 제 현 좌 태 평

윗물이 맑고 맑으면 아랫물도 맑아지고
달아놓은 거울은 천고에 분명하게 비추네.
멀리 있는 나라까지 이 왕의 교화에 귀의하니
이로부터 어진 이들 왕을 도와 태평세계 이루네.

故我一心歸命頂禮 [반절]
고 아 일 심 귀 명 정 례

一心奉請 念彼貧人 瀝血之誠 供雖不淨 陋巷非是
일 심 봉 청 염 피 빈 인 역 혈 지 성 공 수 부 정 루 항 비 시

勸王赴請 第六變成大王 案列從官[77] (判官 鬼王 二符 四直
권 왕 부 청 제 육 변 성 대 왕 안 열 종 관   판 관 귀 왕 이 부 사 직

監齋 直府) [功曹鄭判官 法曹胡利判官 泰山屈利判官
감 재 직 부   공 조 정 판 관 법 조 호 리 판 관 태 산 굴 리 판 관

---

77) 진광왕 안렬 종관 소청 참조.

太陰注失判官 主禍鬼王 主耗鬼王 主食鬼王 阿
태음주실판관 주화귀왕 주모귀왕 주식귀왕 아

那吒鬼王 注善童子 注惡童子 年直使者 月直使
나타귀왕 주선동자 주악동자 연직사자 월직사

者 日直使者 時直使者 監齋使者 直府使者] 等衆
자 일직사자 시직사자 감재사자 직부사자 등중

各竝眷屬 惟願 承 三寶力 仗 秘密語 今日今時
각병권속 유원 승 삼보력 장 비밀어 금일금시

來臨法會
내림법회

일심으로, 저 가난한 사람들이 진심을 보이는 정성을 다하는 것을 생각
하여 공양이 비록 깨끗하지 못하고 장소가 비록 누추하며 공양의 때가
아니지만, 왕에게 권유하여 초청에 가게 하는 제6 변성왕의 책상 앞에
나열한 종관들인 판관[공조(功曹) 정(鄭)판관, 법조(法曹) 호리(胡利)판관, 태산 굴리
(屈利)판관, 태음(太陰) 주실(注失)판관], 귀왕[화(禍)를 주관하는 귀왕, 주모(主耗)귀왕,
음식을 주관하는 귀왕, 아나타(阿那吒)귀왕, 이부동자[선한 일을 한 사람을 주관하는 동
자, 악한 일을 한 사람을 주관하는 동자], 사직사자[연직사자, 월직사자, 일직사자, 시
직사자], 감재사자, 직부사자 등과 각각 이를 따르는 권속들을 받들어 청
하오니, 삼보님의 힘을 받들고 비밀다라니에 의지하여 오늘 이 시간에
법회에 오십시오.

香花請 [삼설]
향 화 청

歌詠
가 영

用議清平在得賢 共評公道奏王前
용 의 청 평 재 득 현 공 평 공 도 주 왕 전

寧將勝氣凌孤弱 哀念貧兒一紙錢
영 장 승 기 능 고 약 애 념 빈 아 일 지 전

논의함에 맑고 공평하려면 어진 신하 있어야 하고
신하들은 함께 공평한 공도(公道) 왕께 주청하네.
어찌 이길 수 있다 하여 외롭고 약한 이 능멸하리
가난한 아이의 한 지전(紙錢)[78]도 불쌍히 생각한다네.

故我一心歸命頂禮 [반절]
고 아 일 심 귀 명 정 례

一心奉請 恒沙世界 一時同請 一一普應
일심봉청 항사세계 일시동청 일일보응

如月印海 第七泰山大王 案列從官[79] (判官 鬼王 二符 四直
여월인해 제칠태산대왕 안열종관   판관 귀왕 이부 사직

監齋 直府) [泰山五道屈判官 泰山黃判官 泰山薛判官
감재 직부   태산오도굴판관 태산황판관 태산설판관

掌印判官 掌算判官 主財鬼王 大阿那吒鬼王
장인판관 장산판관 주재귀왕 대아나타귀왕

主畜鬼王 主禽鬼王 注善童子 注惡童子 年直
주축귀왕 주금귀왕 주선동자 주악동자 연직

使者 月直使者 日直使者 時直使者 監齋使
사자 월직사자 일직사자 시직사자 감재사

者 直府使者] 等衆 各竝眷屬 惟願 承 三寶力
자 직부사자 등중 각병권속 유원 승 삼보력

仗 秘密語 今日今時 來臨法會
장 비밀어 금일금시 내림법회

일심으로, 항하강 모래알처럼 많은 세계가 일시에 다 함께 초청해도 마
치 달이 온 바다에 찍히듯 일일이 널리 호응하는 제7 태산왕의 책상 앞

---

78) 지전(紙錢): 또는 음전(陰錢) · 우전(寓錢). 종이로 돈 모양을 만든 것. 선종에서 시식
   (施食) 또는 우란분회(盂蘭盆會) 때에, 이것을 많이 연결하여 법당 기둥 같은 곳에 걸
   었다가, 불사가 끝나면 불살라서 혼령에게 이바지한다. 우리나라에서는 일반적으로
   금은전(金銀錢)이라 한다.
79) 진광왕 안렬 종관 소청 참조.

에 나열한 종관들인 판관[태산 오도굴(五道屈)판관, 태산 황(黃)판관, 태산 설(薛)판
관, 장인(掌印)판관, 장산(掌筭)판관], 귀왕[재물을 주관하는 귀왕, 대아나타(大阿那吒)
귀왕, 가축을 주관하는 귀왕, 날짐승을 주관하는 귀왕], 이부동자[선한 일을 한 사람을
주관하는 동자, 악한 일을 한 사람을 주관하는 동자], 사직사자[연직사자, 월직사자, 일
직사자, 시직사자], 감재사자, 직부사자 등 각각 이를 따르는 권속들을 받들
어 청하오니, 삼보님의 힘을 받들고 비밀다라니에 의지하여 오늘 이 시
간에 법회에 오십시오.

香花請 [삼설]
향 화 청

歌詠
가 영

萬國千邦向一時 分身百億應無虧
만 국 천 방 향 일 시 분 신 백 억 응 무 휴
盛朝際會何煩問 臣庶來從聖化儀
성 조 제 회 하 번 문 신 서 래 종 성 화 의

일만 나라 일천 지방 일시에 청할지라도
백억으로 몸을 나눠 빠짐없이 호응하네.
조정에 만났으나 어찌 번거롭게 따지랴.
신하 백성 모두 와서 성인 교화 따르네.

故我一心歸命頂禮 [반절]
고 아 일 심 귀 명 정 례

一心奉請 不進不退 奉王以道 各履中庸 第八平等
일 심 봉 청 부 진 불 퇴 봉 왕 이 도 각 리 중 용 제 팔 평 등

大王 案列從官[80] (判官 鬼王 二符 四直 監齋 直府) [功曹司
대왕 안열종관　　　　판관 귀왕 이부 사직 감재 직부　　공조 사

甫判官 泰山陵判官 泰山陸判官 主産鬼王 主獸
보판관 태산능판관 태산육판관 주산귀왕 주수

鬼王 四目鬼王 主魅鬼王 注善童子 注惡童子 年
귀왕 사목귀왕 주매귀왕 주선동자 주악동자 연

直使者 月直使者 日直使者 時直使者 監齋使者 直
직사자 월직사자 일직사자 시직사자 감재사자 직

府使者] 等衆 各竝眷屬 惟願 承 三寶力 仗 秘
부사자 등중 각병권속 유원 승 삼보력 장 비

密語 今日今時 來臨法會
밀어 금일금시 내림법회

일심으로, 나가지도 않고 물러나지도 않으며, 도(道)로써 왕을 받들고 제 각기 중용(中庸)을 실천하는 제8 평등왕의 책상 앞에 나열한 종관들인 판 관[공조 사보(司甫)판관, 태산 능(陵)판관, 태산 육(陸)판관], 귀왕[생산을 주관하는 귀 왕, 짐승을 주관하는 귀왕, 네 눈을 가진 귀왕, 도깨비를 주관하는 귀왕], 이부동자[선 한 일을 한 사람을 주관하는 동자, 악한 일을 한 사람을 주관하는 동자], 사직사자[연직 사자, 월직사자, 일직사자, 시직사자], 감재사자, 직부사자 등과 각각 이를 따르 는 권속들을 받들어 청하오니, 삼보님의 힘을 받들고 비밀다라니에 의지 하여 오늘 이 시간에 법회에 오십시오.

香花請 [삼설]
향 화 청

歌詠
가 영

數進如邪退卽忠 事君難得古淳風
수 진 여 사 퇴 즉 충 사 군 난 득 고 순 풍

此門別學淸平調 緩急齊彈一曲中
차 문 별 학 청 평 조 완 급 제 탄 일 곡 중

---

80) 진광왕 안렬 종관 소청 참조.

나갈 적엔 사악한듯하지만 물러가면 충직하니

임금을 섬기지만 순박한 옛 풍속 얻기 어렵네.

이 문에선 특별히 맑고 공평한 곡조 배우니

한 곡조 안에 느리고 급한 곡을 다 탄다네.

故我一心歸命頂禮 [반절]
고 아 일 심 귀 명 정 례

一心奉請 罪人出獄 勸善送之 造惡復來 愍誡
일심봉청 죄인출옥 권선송지 조악부래 민계

頑癡 第九都市大王 案列從官[81] (判官 鬼王 二符 四直 監齋
완치 제구도시대왕 안열종관   판관 귀왕 이부 사직 감재

直府) [六曹皇甫判官 府曹陳判官 泰山胡判官
직부   육조황보판관 부조진판관 태산호판관

泰山董判官 泰山熊判官 主命判官 五目鬼王 主疾
태산동판관 태산웅판관 주명판관 오목귀왕 주질

鬼王 主陰鬼王 注善童子 注惡童子 年直使
귀왕 주음귀왕 주선동자 주악동자 연직사

者 月直使者 日直使者 時直使者 監齋使者
자 월직사자 일직사자 시직사자 감재사자

直府使者] 等衆 各並眷屬 惟願 承 三寶力 仗
직부사자 등중 각병권속 유원 승 삼보력 장

秘密語 今日今時 來臨法會
비밀어 금일금시 내림법회

일심으로, 죄인이 옥문을 나서면 부디 선한 일 하라고 권유하여 보내고 악한 일을 하면 다시 이 지옥에 온다고 타이르며, 미련하고 어리석은 사람들을 불쌍하게 여겨 경계하는 제9 도시왕의 책상 앞에 나열한 종관들인 판관[육조(六曹) 황보(皇甫)판관, 부조(府曹) 진(陳)판관, 태산 호(胡)판관, 태산 동

---

81) 진광왕 안렬 종관 소청 참조.

(董)판관, 태산 웅(熊)판관, 수명을 담당한 판관], **귀왕**[다섯 눈을 가진 귀왕, 질병을 주관하는 귀왕, 음계(陰界)를 주관하는 귀왕], **이부동자**[선한 일을 한 사람을 주관하는 동자, 악한 일을 한 사람을 주관하는 동자], **사직사자**[연직사자, 월직사자, 일직사자, 시직사자], 감재사자, 직부사자 등과 각각 이를 따르는 권속들을 받들어 청하오니, 삼보님의 힘을 받들고 비밀다라니에 의지하여 오늘 이 시간에 법회에 오십시오.

香花請 [삼설]
향 화 청

歌詠
가 영

鐵杖金鎚響似雷 劍牙蛇口向人開
철 장 금 추 향 사 뢰 검 아 사 구 향 인 개

此方不是安身處 寧負誡言去復來
차 방 부 시 안 신 처 영 부 계 언 거 부 래

철 몽둥이 쇠망치 소리 우레와 같고
칼날 같은 이에 뱀 입은 사람 향하네.
이곳은 육신이 편안한 곳 아니러니
경계하는 말씀 잊고 어찌 다시 오리오.

故我一心歸命頂禮 [반절]
고 아 일 심 귀 명 정 례

一心奉請 不顧身勞 橫行火裏 爲諸衆生 立大
일 심 봉 청 불 고 신 로 횡 행 화 리 위 제 중 생 입 대

冥功 第十 五道轉輪大王 案列從官[82] (判官 鬼王 二符
명 공 제 십 오 도 전 륜 대 왕 안 열 종 관   판 관 귀 왕 이 부

---

82) 진광왕 안렬 종관 소청 참조.

四直 監齋 直府) [泰山六曹判官 泰山鄭判官 泰山趙
사직 감재 직부   태산육조판관   태산정판관   태산조

判官 泰山鄒判官 泰山李判官 時通卿判
판관   태산오판관   태산이판관   시통경판

官 中元葛 將軍 産殃鬼王 注善童子 注惡童
관 중원갈 장군 산앙귀왕 주선동자   주악동

子 泰山府君 年直使者 月直使者 日直使者
자 태산부군 연직사자   월직사자   일직사자

時直使者 監齋使者 直府使者] 等衆 各竝眷屬
시직사자 감재사자 직부사자   등중 각병권속

唯願 承 三寶力 仗 秘密語 今日今時 來臨法會
유원 승 삼보력 장 비밀어 금일금시   내림법회

일심으로, 몸이 피로한 것도 돌아보지 않고 불속을 횡행하며 모든 중생
들을 위하여 남모르게 큰 공을 세우는 제10 오도전륜왕의 책상 앞에 나
열한 종관들인 판관[태산 육조(六曹)판관, 태산 정(鄭)판관, 태산 조(趙)판관, 태산 오
(鄒)판관, 태산 이(李)판관, 그 당시 통경(通卿) 중원(中元) 갈(葛)장군], 귀왕[산앙(産殃)
귀왕], 이부동자[선한 일을 한 사람을 주관하는 동자, 악한 일을 한 사람을 주관하는 동
자], 사직사자[연직사자, 월직사자, 일직사자, 시직사자], 감재사자, 직부사자인
등과 각각 이를 따르는 권속들을 받들어 청하오니, 삼보님의 힘을 받들
고 비밀다라니에 의지하여 오늘 이 시간에 법회에 오십시오.

香花請 [삼설]
향 화 청

歌詠
가 영
火裏探湯自不傷 始知門客化非常
화리탐탕자불상 시지문객화비상
世間沐雨梳風輩 空上凌煙較短長
세간목우소풍배 공상능연교단장

불속의 끓는 물에서 자신은 상하지 않아
비로소 문객(門客) 교화 심상치 않음을 알아
세간은 빗물로 목욕하고 바람으로 빗질하지만
공중에서 연기를 능멸하며 길고 짧음 비교하네.

故我一心歸命頂禮 [반절]
고 아 일 심 귀 명 정 례

一心奉請 唯佛所知 非我境界 事雖違規
일 심 봉 청 유 불 소 지 비 아 경 계 사 수 위 규
不記其過 大悲行化 七位靈官 難思難量 聖位等衆
불 기 기 과 대 비 행 화 칠 위 영 관 난 사 난 량 성 위 등 중
不知名位 諸判官等衆 不知名位 諸鬼王等衆
부 지 명 위 제 판 관 등 중 부 지 명 위 제 귀 왕 등 중
不知名位 諸靈官等衆 不知名位 諸地獄官典等衆
부 지 명 위 제 영 관 등 중 부 지 명 위 제 지 옥 관 전 등 중
不知名位 諸使者等衆 不知名位 一切眷屬等衆
부 지 명 위 제 사 자 등 중 부 지 명 위 일 체 권 속 등 중
惟願 承 三寶力 仗 秘密語 今日今時 來臨法會
유 원 승 삼 보 력 장 비 밀 어 금 일 금 시 내 림 법 회
受此供養
수 차 공 양

일심으로, 붓다님만이 아시고 우리들이 아는 경계가 아니니, 일이 비록
법규를 어긴다 하더라도 그 허물을 기록하지 않고, 큰 자비로 교화를 행
하는 일곱 자리의 영관(靈官)들과 생각하기 어렵고 헤아리기 어려운 성위
(聖位)의 모든 대중들과 이름과 지위를 알 수 없는 모든 판관 등의 대중,
이름과 지위를 알 수 없는 모든 귀왕 등의 대중, 이름과 지위를 알 수 없
는 모든 영계의 관리 등 대중, 이름과 지위를 알 수 없는 모든 지옥을 담
당하는 관리 등 대중, 이름과 지위를 알 수 없는 모든 사자 등의 대중들,

이름과 지위를 알 수 없는 일체 권속 등 대중을 받들어 청하오니, 삼보님의 힘을 받들고 비밀다라니에 의지하여 오늘 이 시간에 법회에 오십시오.

香花請 [삼설]
향 화 청

歌詠
가 영

古來寃債起於親 莫若多生不識人
고 래 원 채 기 어 친 막 약 다 생 불 식 인

向我佛門如廣濟 無緣眞箇大悲恩
향 아 불 문 여 광 제 무 연 진 개 대 비 은

예로부터 원망과 빚은 친함에서 일어나
다생 동안 아는 사람 없느니,
우리 불문(佛門)처럼 널리 구제한다면
인연이 없으나 대비의 은혜일세.

故我一心歸命頂禮[83] [반절]
고 아 일 심 귀 명 정 례

散花落 [삼설]
산 화 락

[來臨偈]
내 림 게

　　중위 성현에게 목욕을 제공할 때는 나무대성인로왕보살의 인성이 소리를 하며 욕실을 향해가야 하나 목욕하지 않아 성현에 인사를 드린다. 중위의 상중하 성현들의 도가영으로 가영을 대체할 수도 있다.

---

83) 시왕 도가영을 하는 경우도 있다.

都歌詠
도 가 영

冥間一十大明王 能使人天壽算長 [亡靈到淨邦]
명 간 일 십 대 명 왕 능 사 인 천 수 산 장 　 망 령 도 정 방

願承佛力來降臨 現垂靈驗坐道場
원 승 불 력 내 강 림 현 수 령 험 좌 도 량

명부세계 십대왕은 인간세계 수명은 연장하시니

[망령을 정방에게 이르게 하시니]

붓다의 위신력 받들어 강림하여

영험을 드리우시고 도량에 앉으소서.

둘째 구절은 『예수시왕생칠재의찬요』에는 인천의 경우와 망령의 경우를 제시하고 있다. 예수재는 원칙적으로 산 자를 중심으로 진행한다고 봐야 하므로 인천수산장을 앞에 놓고 [망령도정방]을 뒤에 두었다.

叅禮聖衆
참 례 성 중

謹白 冥府十王 一切僚宰等衆 旣受虔請 已降道
근 백 명 부 시 왕 일 체 요 재 등 중 기 수 건 청 이 강 도

場 當除放逸之心 可發慇懃之意 投誠千種 懇意
량 당 제 방 일 지 심 가 발 은 근 지 의 투 성 천 종 간 의

萬端 想 三寶之難逢 傾 一心而信禮 下有叅禮之
만 단 상 삼 보 지 난 봉 경 일 심 이 신 례 하 유 참 례 지

偈 大衆隨言後和
게 대 중 수 언 후 화

삼가 아룁니다. 명부 시왕과 일체 관료들께서는 이미 삼가 청함을 받으시고 향단에 내려오셨으니, 방일한 마음을 놓으시고 은근한 마음으로 뜻

을 내셔서 천 가지 정성을 다하고 만 가지 간절한 마음으로 불법승 삼보
님은 만나기 어렵다고 생각하셔서, 몸과 말과 뜻으로 믿음의 예경할 것
을 도모하십시오. 아래 보례의 게송을 대중은 구절 따라 화음으로 염송
하십시오.

普禮偈
보 례 게

稽首十方調御師　三乘五教眞如法
계 수 시 방 조 어 사　삼 승 오 교 진 여 법

菩薩聲聞緣覺衆　一心虔誠歸命禮
보 살 성 문 연 각 중　일 심 건 성 귀 명 례

시방세계의 모든 붓다와
삼승과 오교의 진여법과
보살 성문 연각의 스님들께 머리 숙이고
일심으로 정성 다해 귀명례합니다.

故我一心歸命頂禮 [반절]
고 아 일 심 귀 명 정 례

一心頂禮　南無盡虛空　遍法界　十方常住
일 심 정 례　나 무 진 허 공　변 법 계　시 방 상 주

一切　佛陀耶衆　惟願慈悲　受我頂禮
일 체　불 타 야 중　유 원 자 비　수 아 정 례

일심으로 정례하여 귀명하며 허공계가 다하도록 법계에 두루 하며 시방
에 항상 머무시는 일체 붓다야중께 머리 숙여 절하오니, 자비로써 저희
정례 받으옵소서.

一心頂禮 南無盡虛空 遍法界 十方常住
일심정례 나무진허공 변법계 시방상주
一切 達摩耶衆 惟願慈悲 受我頂禮
일체 달마야중 유원자비 수아정례

일심으로 정례하여 귀명하며 허공계가 다하도록 법계에 두루 하며 시방
에 항상 머무시는 일체 달마야중께 머리 숙여 절하오니, 자비로써 저희
정례 받으옵소서.

一心頂禮 南無盡虛空 遍法界 十方常住
일심정례 나무진허공 변법계 시방상주
一切 僧伽耶衆 惟願慈悲 受我頂禮
일체 승가야중 유원자비 수아정례

일심으로 정례하여 귀명하며 허공계가 다하도록 법계에 두루 하며 시방
에 항상 머무시는 일체 승가야중께 머리 숙여 절하오니, 자비로써 저희
정례 받으옵소서.

五字偈
오자게
爲利諸有情 令得三身故
위리제유정 영득삼신고
淸淨身語意 歸命禮三寶
청정신어의 귀명례삼보

여러 유정을 이롭게 하고 삼신을 얻게 하오니
청정한 몸과 말과 뜻으로 삼보님께 귀명정례하옵니다.

중위 성현들이 상단에 보례를 하고 위패를 시왕단에 봉안을 한 다

음 위 오자게를 하는데. 오자게의 의미로 귀명례를 한 다음에 하는
게송이라고 할 수 있으므로 헌좌안위를 하면서 위패를 시왕단에 받
아 모시느 것이 적의하다고 보인다.

獻座安位
헌 좌 안 위

再白 冥府十王 一切僚宰等衆 旣淨三業
재백 명부시왕 일체요재등중 기정삼업

已禮十方 逍遙 自在以無拘 寂靜安閑而有樂
이례시방 소요 자재이무구 적정안한이유락

玆者 香燈互列 茶果交陳 旣敷筵會以迎門
자자 향등호열 다과교진 기부연회이영문

宜整容儀而就座 下有獻座之偈 大衆隨言後和
의정용의이취좌 하유헌좌지게 대중수언후화

다시 아뢰옵니다. 명부 시왕님과 일체의 신료들께서는 이미 삼업을 맑혔
고, 시방의 성현님께 인사를 드렸습니다. 자유롭게 소요함에 걸림이
없고 고요하고 한가하고 편안하며 즐거움이 있으십니다. 이제 향과 등불
올리고 꽃과 과일 서로 진설하여 이미 법연을 펴 신기님들을 맞았으니,
용모와 위의를 단정히 하시고 자리로 나아가소서. 아래 헌좌게송을 대중
은 구절 따라 화음으로 염송하십시오.

獻座眞言
헌 좌 진 언

我今敬設寶嚴座 普獻一切冥王衆
아 금 경 설 보 엄 좌 보 헌 일 체 명 왕 중

願滅塵勞妄想心 速圓解脫菩提果
원 멸 진 로 망 상 심 속 원 해 탈 보 리 과

제가 이제 보배로 장엄한 좌석을 공경히 설치하고,
일체의 명부 시왕님께 바치오니,
진로의 망상심을 없애고
속히 해탈의 보리과를 원만하게 하소서.

옴 가마라 승하 사바하 [삼설]

고본 예수재 의문에서는 중위성현을 청해 차를 올리고(봉다게: 아금
지차일완다 변성무진감로미 봉현시왕명부중 유월자비애납수) 고사판관을 청
한 다음 제위진백을 한 다음 상위와 중위의 가지변공이 이뤄진다.
하지만 현재 청련사 예수재의문은 현실을 반영하여 다게로 차를 올
리고 기성가지를 하여 보신배헌을 하고 공양을 올리고 있다.

헌좌 이후 봉다 이후 "기성가지"편을 봉행한다는 사기가 있으나
원본에 의거하여 소청고사판관편 이후에 시설한다. 다만 이곳에서
헌공하고자 하면 가지변공편으로 봉행하게 된다. 이 의문에서는 편
번호를 부여하지 않고 있는 것은 현실을 반영하였기 때문이다.

淨法界眞言
정 법 계 진 언

옴 람 [삼설]

茶偈
다게

今將甘露茶 奉獻冥王衆
금 장 감 로 다 봉 헌 명 왕 중
鑑察虔懇心 願垂哀納受
감 찰 건 간 심 원 수 애 납 수

감로다를 명왕전에 바치오니
재자의 정성 살피시어 자비로써 받으소서.

祈聖加持
기 성 가 지

切以 香燈耿耿 玉漏沈沈 正當普供十方
절 이 향 등 경 경 옥 루 침 침 정 당 보 공 시 방
亦可冥資三有 玆者 重伸激切 再爇名香[84]
역 가 명 자 삼 유 자 자 중 신 격 절 재 설 명 향
欲成供養之周圓 須仗加持之變化 仰懇悲智
욕 성 공 양 지 주 원 수 장 가 지 지 변 화 앙 간 비 지
俯賜證明
부 사 증 명

가만히 생각해 보니, 향과 등불 밝게 빛나고 시간은 오래 되어 밤이 깊었
습니다. 이치에 맞도록 시방의 삼보에 널리 공양하였으니, 명부의 시왕
님과 삼유의 권속들에게 공양해야 합니다. 이에 간절한 마음을 거듭 펴
며 명향을 다시 사르옵니다. 공양이 두루 원만하게 이루어지려면 가지의
변화에 의지해야 하오니, 자비와 지혜의 존자님께서 구부려 증명을 내리
시기를 우러러 간청합니다.

---

84) 유통본에는 '栴檀再爇 蘋藻交羞'로 나오고 있으나 『예수시왕생칠재의찬요』(한의총2,
83상쪽)에는 '중신격절 재설명향'으로 나온다.

南無十方佛 南無十方法 南無十方僧
나 무 시 방 불 나 무 시 방 법 나 무 시 방 승

無量威德 自在光明勝妙力 變食眞言
무 량 위 덕 자 재 광 명 승 묘 력 변 식 진 언

[四陀羅尼]
사 다 라 니

普伸拜獻
보 신 배 헌

上來 加持已訖 變化無窮 願此香爲解脫知見[85] 願
상 래 가 지 이 흘 변 화 무 궁 원 차 향 위 해 탈 지 견 원

此燈爲般若智光 願此水爲甘露醍醐 願此食爲法
차 등 위 반 야 지 광 원 차 수 위 감 로 제 호 원 차 식 위 법

喜禪悅 乃至 幡花互列 茶果交陳 卽世諦之莊嚴
희 선 열 내 지 번 화 호 열 다 과 교 진 즉 세 제 지 장 엄

成妙法之供養 慈悲所積 定慧所薰 以此香羞
성 묘 법 지 공 양 자 비 소 적 정 혜 소 훈 이 차 향 수

特伸拜獻
특 신 배 헌

위에서 가지를 마쳤고 무궁하게 변화하였습니다. 이 향은 해탈지견향이
되고, 이 등불은 반야지혜 광명의 등이 되고, 이 청정수는 감로제호가 되
고, 이 음식은 법회의 선열식이 되고 [내지 번과 꽃을 서로 벌려 놓았을 때는] 번
과 꽃은 세상의 진리를 장엄하게 되고, 이 다과는 오묘한 진리의 공양이
이뤄지며, 자비가 쌓이고 정혜가 끼친 이 향긋한 공양물을 특별히 절하
며 바칩니다.
이 가지한 오묘한 공양구로 법신 보신 화신 붓다께 공양합니다.

---

85) 유통본에는 '원차향위해탈지견'이 빠지고 '이차향수 특신공양'으로 나오는데 의미
상 향등수식의 공양이 적합하다고 할 수 있다. 『예수시왕생칠재의찬요』(한의총2,
83하쪽).

加持供養
가 지 공 양

以此加持妙供具 供養酆都大帝尊
이 차 가 지 묘 공 구 공 양 풍 도 대 제 존

이 가지한 오묘한 공양구로 풍도대제존께 공양합니다.

以此加持妙供具 供養十王冥府衆
이 차 가 지 묘 공 구 공 양 시 왕 명 부 중

이 가지한 오묘한 공양구로 명부 시왕들께 공양합니다.

以此加持妙供具 供養泰山府君衆
이 차 가 지 묘 공 구 공 양 태 산 부 군 중

이 가지한 오묘한 공양구로 태산부군들께 공양합니다.

以此加持妙供具 供養十八獄王衆
이 차 가 지 묘 공 구 공 양 십 팔 옥 왕 중

이 가지한 오묘한 공양구로 열여덟 지옥의 왕들께 공양합니다.

以此加持妙供具 供養諸位判官衆
이 차 가 지 묘 공 구 공 양 제 위 판 관 중

이 가지한 오묘한 공양구로 제위의 판관들께 공양합니다.

以此加持妙供具 供養諸位鬼王衆
이 차 가 지 묘 공 구 공 양 제 위 귀 왕 중

이 가지한 오묘한 공양구로 제위의 귀왕들께 공양합니다.

以此加持妙供具 供養將軍童子衆
이 차 가 지 묘 공 구 공 양 장 군 동 자 중

이 가지한 오묘한 공양구로 장군과 동주들께 공양합니다.

以此加持妙供具 供養衙内從官衆
이 차 가 지 묘 공 구 공 양 아 내 종 관 중

이 가지한 오묘한 공양구로 아문 내의 종관들께 공양합니다.

以此加持妙供具 供養使者卒吏衆
이 차 가 지 묘 공 구 공 양 사 자 졸 리 중

이 가지한 오묘한 공양구로 사자와 졸과 이원들께 공양합니다.

以此加持妙供具 供養不知名位衆
이 차 가 지 묘 공 구 공 양 부 지 명 위 중

이 가지한 오묘한 공양구로 이름도 자리도 모르는 이들께 공양합니다.

悉皆受供發菩提 永離一切諸惡道
실 개 수 공 발 보 리 영 리 일 체 제 악 도

모두 공양을 받으시고 보리심을 내어
영원히 일체의 악도를 벗어나소서.

普供養眞言
보공양진언

옴 아아나 삼바바 바아라 훔 [삼설]

普廻向眞言
보회향진언

옴 삼마라 삼마라 미만나 사라마하 자거라 바 훔 [삼설]

佛說消災吉祥陀羅尼
불설소재길상다라니

나무 사만다 못다남 아바라지 하다사 사나남 다냐타 옴

카카 카헤카혜 훔훔 아바라 아바라 바라아바라 바라아바라

지따지따 지리지리 빠다빠다 선지가 시리예 사바하 [삼설]

大願成就眞言
대원성취진언

옴 아모카 살바다라 사다야 시베 훔 [삼설]

補闕眞言
보궐진언

옴 호로호로 사야목계 사바하 [삼설]

歎白
탄 백

地藏大聖威神力 恒河沙劫說難盡
지 장 대 성 위 신 력　항 하 사 겁 설 난 진

見聞瞻禮一念間 利益人天無量事
견 문 첨 례 일 념 간　이 익 인 천 무 량 사

지장보살 대성인의 위신력은
항하사겁 동안 말해도 다 못해
명호 듣도 한순간에 눈인사만 해도
인간 세계에서 받는 이익은 한량이 없네.

　이렇게 시왕 등중에 공양을 마치고 이제는 시왕 등중에 화청을 올
리게 된다. 화청과 축원화청으로 구별된다. 화청은 고루 청한다는
뜻으로 판본에 따라 지장보살과 삼중명과 시왕에게 육십갑자생들의
부탁이나 현증복수와 당생정찰을 청한다. 이때 회심곡 등도 하여 대
중들의 마음을 돌이키는 계기로 삼아주기도 한다.
　명부시왕 지심걸청 지심걸청으로 시작하는데 청련사『예수재의
문』은 가사체로 되어 별도의 번역이나 해설은 필요하지 않다고 보인
다. 해서 축원화청의 원문을 번역하여 제시한다.

祝願和請
축 원 화 청

이 화청 앞에 화청을 하는데 가사체 문장이므로 별도의 번역이나 해석이 필요하다고 보지 않으므로 생략한다. 이 화청은 상단 축원 화청이다.

功德功德 上來所修 佛功德
공 덕 공 덕 상 래 소 수 불 공 덕
圓滿圓滿 廻向三處 悉圓滿
원 만 원 만 회 향 삼 처 실 원 만

공덕 공덕 닦은 공덕 붓다 공덕
원만 원만 삼처로 회향하니 다 원만해지네.

淨琉璃光 上德紅蓮 隆宮現前 攀枝受依 諸天入
정 유 리 광 상 덕 홍 련 융 궁 현 전 반 지 수 의 제 천 입
極聖德 大夫伏願聖恩 以廣大爲 萬乘之尊 道眼
극 성 덕 대 부 복 원 성 은 이 광 대 위 만 승 지 존 도 안
圓明 永作千秋之寶鑑 逈脫根塵 速證樂邦無量壽
원 명 영 작 천 추 지 보 감 형 탈 근 진 속 증 락 방 무 량 수
了明心地 該通華藏釋迦尊
료 명 심 지 해 통 화 장 석 가 존

깨끗한 유리의 광명 최상 공덕 홍련은 궁중이 융성하여 드러나니 가지를 받아 의지하고 제 천신이 궁극에 도달한 성스러운 덕, 대장부 엎드려 성은을 바라오며 광대한 만승의 지존이 되시고, 도안이 원명하여 영원히

천추의 보감이 되시네. 육신을 벗고 속히 낙방의 무량수불 이루고, 마음
자리를 밝혀 알아 화장세계 석가존과 통하도다.

天和地利 物阜時康 萬像含春 花卉敷茂
천 화 지 리 물 부 시 강 만 상 함 춘 화 훼 부 무

하늘 땅이 이롭고 물산이 풍부하니 시절이 평안하고
만물은 봄을 머금은 듯 푸르고 꽃과 화초 무성하도다.

嚶鳴 御苑 瑞謁 黃圖
앵 명 어 원 서 알 황 도

앵무새 동산에 울고 상서롭게 황제를 알현하네.

風以調雨以順 禾登九穗麥秀二枝
풍 이 조 우 이 순 화 등 구 수 맥 수 이 지
官以慶民以歡 文致昇平武願干快
관 이 경 민 이 환 문 치 승 평 무 원 간 쾌

바람이 비를 고르고 순조롭게 하니
벼는 아홉 이삭 보리를 얻고 이 가지 빼어나네.
관은 백성이 경사이나 기뻐하고
문은 승평에 이르고 무는 방패가 즐겁네.

億兆蒼生 鼓腹於寰中 廣大佛法 弘揚於世外 三
억 조 창 생 고 복 어 환 중 광 대 불 법 홍 양 어 세 외 삼
千界內 無非禮儀之江山 大韓民國內 盡是慈悲之
천 계 내 무 비 예 의 지 강 산 대 한 민 국 내 진 시 자 비 지
道場
도 량

억조창생 세상에서 배를 두드리고 광대한 불법은 세상에 널리 떨치니 삼
천계에 예의를 지키지 않는 강산이 없고, 대한민국에 다 자비의 도량이
로다.

所有十方世界中 三世一切人獅子
소 유 시 방 세 계 중　삼 세 일 체 인 사 자
我以清淨身語意 一一徧禮盡無餘
아 이 청 정 신 어 의　일 일 편 례 진 무 여

시방세계에서 삼세 일체 사람들의 스승님께
내는 청정한 삼업으로 일일이 다함 없이 예 올리네.

八荒泰平 四夷不侵 國泰民安法輪轉 法輪常轉於
팔 황 태 평　사 이 불 침　국 태 민 안 법 륜 전　법 륜 상 전 어
無窮 國界恒安於萬歲
무 궁　국 계 항 안 어 만 세

온 나라 태평하고 네 오랑캐 침략 없어 나라가 평안해 법륜이 전해지고
법륜이 다함 없이 항상 굴러지며 나라가 만세 동안 항상 평안하리.

祝願
축 원
願我今有此日 娑婆世界 南瞻部洲 [云云] 靈駕
원 아 금 유 차 일　사 바 세 계　남 섬 부 주　운 운　영 가
以此因緣功德 往生極樂世界 上品上生
이 차 인 연 공 덕　왕 생 극 락 세 계　상 품 상 생
九品蓮臺之發願
구 품 연 대 지 발 원

나는 이제 오늘 사바세계 남섬부주 모처에 사는 모인의 혼령이 이 인연

공덕으로 극락세계 상품 구품연대에 왕생하여 나기를 발원합니다.

生祝齋者 各各等保體 命長命長 壽命長
생 축 재 자 각 각 등 보 체 명 장 명 장 수 명 장

생축재자 각각 명이 늘고 명이 늘고 수명이 늘고

壽命卽 歲月無窮 快樂卽 塵沙莫喻
수 명 즉 세 월 무 궁 쾌 락 즉 진 사 막 유

수명은 세월이 무궁하듯이 쾌락은 진사겁도 비유 안 되리

供養者 何福以不成 禮拜者 何災以不滅
공 양 자 하 복 이 불 성 예 배 자 하 재 이 불 멸

공양 올린 이들이 어찌 복으로 못 이룰 게 있고
예배한 이들이 어찌 없애지 못할 게 있으랴.

日日有千祥之慶 時時無百害之災
일 일 유 천 상 지 경 시 시 무 백 해 지 재

날마다 천 가지 상서로운 경사 있고 때때로 백 가지 해로운 재앙은 없으리.

常逢吉慶 不逢災害
상 봉 길 경 불 봉 재 해

언제나 상서로운 경사 만나고 재해는 만나지 않으리

願共含靈登彼岸 世世常行菩薩道
원 공 함 령 등 피 안　세 세 상 행 보 살 도
究竟圓成薩婆若 摩訶般若波羅蜜
구 경 원 성 살 바 야　마 하 반 야 바 라 밀

일체 함령들이 다 피안에 오르고 언제나 보살도를 행하며
구경에는 살바야를 원만히 이뤄 큰 지혜로 피안으로 건너가리.

　한문으로 이뤄졌으나 운도 있고 그 내용은 가사체와 같은 형식
이라 흥이 일어나게 하는 축원이라고 할 수 있다.
　다음은 중단 축원화청이다.

中壇 祝願和請
중 단 축 원 화 청

願力願力 地藏大聖誓願力
원 력 원 력　지 장 대 성 서 원 력

원력 원력은 지장대성의 서원력이고

苦海苦海 恒沙衆生出苦海
고 해 고 해　항 사 중 생 출 고 해

고해 고해로다 항사중생 고해에서 나오리다.

獄空獄空 十殿調律地獄空
옥 공 옥 공　십 전 조 율 지 옥 공

지옥 없어지고 지옥 없어지고 시왕전에 조율하여 지옥이 없어지네.

人間人間 業盡衆生放人間
인 간 인 간 업 진 중 생 방 인 간

인간 인간들은 업이 다한 중생들은 인간세계로 나오누나.

　앞의 축원보다 더욱 압축해서 발원을 극대화하고 있다. 원력, 고해, 옥공, 인간의 네 구절을 통해 지장보살의 서원력으로 고해에서 나오는데, 시왕전이 조율로 인간세계로 나오게 된다는 것이다. 시왕신앙과 지장신앙이 조화를 이루고 있다가 현대에는 지장신앙으로 귀결되어 예수재 외에는 명부 소청 권공 의례가 잘 행해지지 않는다. 사십구재를 영산재로 지내든 각배재로 지내든 시왕권공이 중심인데 지금은 여러 정황 상 지장신앙만 주로 행해지고 있다고 보인다.

　예수재를 통해 시왕신앙이 살아나고 시왕신앙의 본래 의미인 십악을 멈추고 십선을 실천하는 이들이 늘어났으면 좋겠다.

庫司壇儀式
고 사 단 의 식

　　고사단(庫司壇)의 고사는 예수재를 지내는 재자가 명부 시왕에게 갚는 빚을 관리하는 금고를 지키는 사령이다. 이들은 육십갑자의 금고를 관리하므로 고사는 60명이다. 가령 갑자생은 원(元) 씨이고, 을축생은 전(田) 씨라는 식이다. 각 육갑 연생의 빚은 다른데 갑자생은 오만삼천관이고 간경(看經, 봐야 할 경전)은 17권이라는 식이다. 고사단은 한 명의 고사를 그림으로 모셔놓고 진행하지만 근래에 60고사 모두를 그림으로 그려 모셔놓고 고사단 의식을 하는 예수재를 볼 수도 있다.

　　60고사를 한꺼번에 청해서 상단의 삼보와 중단의 명부시왕 전에 예를 올리게 하고 자리에 앉힌 다음 차를 올리며, 예수재에 청할 모든 성현과 고사를 청하게 된다. 미시(오후 2시)가 되면 전막을 옮겨 상시왕과 권속을 나눈다. 중단권공의 회향주 끝에 고사단으로 물려 드린다. 그것을 드리면서 아뢴다. 예수본문은 그곳에 실렸으므로 이곳에 기재한다. 전종 7추를 하고 나발 세 마지를 분다. 바라를 한 종 울린다.[86]

---

86) 필사본 예수재

召請庫司判官
소 청 고 사 판 관

擧佛
거 불

南無 十方常住佛
나 무 시 방 상 주 불

南無 十方常住法
나 무 시 방 상 주 법

南無 十方常住僧
나 무 시 방 상 주 승

振鈴偈
진 령 게

以此振鈴伸召請 庫司諸君願遙知
이 차 진 령 신 소 청 고 사 제 군 원 요 지

願承三寶力加持 今日今時來赴會
원 승 삼 보 력 가 지 금 일 금 시 래 부 회

요령 울려 부르오니, 고사의 여러 임금이여, 멀리서 듣고 아시고
삼보님의 힘과 가지를 받들어 오늘 이 시간에 내려 이르소서.

普召請眞言
보 소 청 진 언

나무 보보제리 가리다리 다타 아다야 [삼설]

由致
유 치

切以 閻羅而下 相次十王 各位部署 慮條而爲
절 이 염 라 이 하 상 차 시 왕 각 위 부 서 여 조 이 위

治化 乃至 分司列職 僚宰諸臣 咸悉備焉
치 화 내 지 분 사 열 직 요 재 제 신 함 실 비 언

가만히 생각해 보니, 염라대왕 이하 시왕이 제각기 부서(部署)를 만들어
법 조항에 따라 다스리고 교화하며, 나아가 책임을 나누어 직책을 나열
하니 관료와 재상, 그리고 모든 신하들이 다 갖추어졌습니다.

恭惟 庫司判官 靈機不測 妙慧難思 上奉冥界
공유 고사판관 영기불측 묘혜난사 상봉명제
之錢財 下昭人間之壽生 出納取與 不遺毫髮
지전재 하소인간지수생 출납취여 불유호발

삼가 생각하오니, 고사(庫司) 판관(判官)들의 신령한 기미는 헤아릴 수 없
고, 미묘한 지혜 또한 생각하기 어렵습니다. 위로는 명부 세계에 바칠 돈
과 재물을 받들고, 아래로는 인간의 수명을 밝히며 출납하고 취해 주는
일에 털끝만치도 어긋남이 없습니다.

由是 備諸珍饌 嚴列冥錢 至心懇意 以伸供養
유시 비제진찬 엄열명전 지심간의 이신공양
伏願 各運懽忻之意 咸赴法筵之壇 仰表一心
복원 각운환흔지의 함부법연지단 앙표일심
先陳三請
선 진 삼 청

이리하여 모든 맛있는 음식을 준비하고 명부에서 쓸 돈과 재물을 엄숙하
게 진열해놓고 지극한 마음과 간절한 뜻으로 공양을 올리오니, 각각 기
쁜 마음을 내시어 법회 자리에 마련한 단상(壇上)으로 모두 오시옵소서.
우러러 일심으로 먼저 삼청을 펼칩니다.

一心奉請 威風凜然 靈鑑昭彰 明察人間 眞妄
일심봉청 위풍늠연 영감소창 명찰인간 진망

是非 本命元神 列局諸曹 第(某)庫 曹官 (某)司君[87]
시비 본명원신 열국제조 제 모 고 조관 모 사군

竝從眷屬 惟願 承 三寶力 降臨道場 受此供養
병종권속 유원 승 삼보력 강림도량 수차공양

일심으로 받들어 청합니다. 위풍이 늠름하고 영감(靈鑑)이 밝게 드러나
인간 세계의 진실과 거짓, 옳고 그름을 분명하게 살피는 본명(本命)의 원
신(元神)인 열국 제조(諸曹)의 제 아무 고(庫)의 조관(曹官) 아무 사군(司君)과
각각 그들을 따르는 모든 권속들이시여, 삼보님의 힘을 받들어 도량에
강림하여 공양을 받으소서.

香花請 [삼설]
향 화 청

歌詠
가 영

司君位寄閻羅下 明察人間十二生
사 군 위 기 염 라 하 명 찰 인 간 십 이 생

錢財領納無私念 靈鑑昭彰利有情
전 재 영 납 무 사 념 영 감 소 창 이 유 정

고사의 제군은 염라왕께 위탁하여
12생의 인간들을 밝게 살피시네.
명부의 돈과 재물 사심 없이 받아들이시고
신령스럽고 밝게 살펴 유정을 이롭게 하네.

故我一心歸命頂禮 [반절]
고 아 일 심 귀 명 정 례

---

87) 제모고 조관 모사관이라고 하고 있는 것으로 볼 때 예수재는 독판으로 출발하였다고
보인다. 수륙재와 달리 각배재나 예수재는 특정인을 위해서 편찬된 것으로 보이는 결
정적인 대목이라고 할 수 있다.

종두는 고사번을 받들어 상단을 향하여 보례를 한다.

普禮三寶
보 례 삼 보

謹白 庫官等衆 旣受虔請 已降香壇 當除放逸之
근백 고관등중 기수건청 이강향단 당제방일지

心 可發慇懃之意 投誠千種 懇意萬端 想三寶之
심 가발은근지의 투성천종 간의만단 상삼보지

難逢 傾一心而信禮 下有普禮之偈 大衆隨言後和
난봉 경일심이신례 하유보례지게 대중수언후화

삼가 아뢰옵니다. 고사의 제군들께서는 이미 경건히 청함을 받아 도량에
내리셨습니다. 거리낌 없는 마음을 없애시고 은근한 마음을 내시어 일천
가지 성심을 다하고 일만 가지 간절한 마음을 내어 삼보는 만나기 어렵
다고 생각하고 일심을 기울여서 신심으로 예경하소서. 아래 참례게송을
대중은 말을 따라 화음으로 염송하십시오.

普禮十方無上尊 五智十身諸佛陀 [위패 인사]
보 례 시 방 무 상 존 오 지 십 신 제 불 타

시방의 무상존인 오지 십신의 제 불타에 널리 절하소서.

普禮十方離欲尊 五敎三乘諸達摩 [위패 인사]
보 례 시 방 이 욕 존 오 교 삼 승 제 달 마

시방의 이욕존인 오교 삼승의 제 달마에 널리 절하소서.

普禮十方衆中尊 大乘小乘諸僧伽 [위패 인사]
보 례 시 방 중 중 존 대 승 소 승 제 승 가

시방의 중중존인 대승 소승의 제 승가에 널리 절하소서.

다음은 중위의 시왕단을 향한다.

　　普禮中位
　　　보 례 중 위
普禮酆都大帝衆 [위패 인사]
보 례 풍 도 대 제 중
普禮十王府君衆 [위패 인사]
보 례 시 왕 부 군 중
普禮判官鬼王衆 [위패 인사]
보 례 판 관 귀 왕 중

상례대로 법성게를 하며 본단 앞으로 돌아와 선다.

　　受位安座
　　　수 위 안 좌
切以 信心有感 精誠[88]必應於神聰 靈鑑無私
절 이 신 심 유 감 정 성 필 응 어 신 총 영 감 무 사
部馭已臨於勝會 如是靈馭 已降道場 大衆虔誠
부 어 이 림 어 승 회 여 시 영 어 이 강 도 량 대 중 건 성
諷經安坐
풍 경 안 좌

가만히 생각해 보니, 신심에는 감동하고 뜻이 정성스러우면 신묘한 총명으로 응하시며, 신령하게 살피심에 사사로이 하지 않으니 수레 몰아 훌륭한 법회에 이미 강림하셨습니다. 이와 같이 신령한 수레가 이미 도량에 강림하였으니 대중은 정성을 다해 경전을 염송하여 편히 앉도록 하십시오.

---

88) '精誠'은 『예수시왕생칠재의찬요』(한의총2, 82하)에는 情誠으로 나오나 유통본의 표기를 따랐다.

獻座眞言
헌좌진언

我今敬設寶嚴座 奉獻一切庫司前
아 금 경 설 보 엄 좌　봉 헌 일 체 고 사 전
願滅塵勞妄想心 速圓解脫菩提果
원 멸 진 로 망 상 심　속 원 해 탈 보 리 과

제가 이제 보배로 장엄한 좌석을 공경히 설치하고,
일체의 고사전에 바치오니,
원컨대 진로의 망상심을 없애고
속히 해탈의 보리과를 원만하게 하소서.

옴 가마라 승하 사바하 [삼설]

淨法界眞言
정법계진언
옴 람 [삼설]

현재 한국불교의 정법계진언은 옴 람이 쓰이고 있으나 정법계진
언은 화대(火大) 종자인 '람'만이 정법계진언이다. '옴'자는 출생공양
진언이다.

茶偈
다 게

今將甘露茶 奉獻庫司前
금 장 감 로 다 봉 헌 고 사 전

鑑察虔懇心 願垂哀納受
감 찰 건 간 심 원 수 애 납 수

이제 감로다를 고사판관 전에 올리오니
정성을 살피시어 자비로써 받으소서.

고사단까지 청한 다음에 제위의 공양이 차려졌음을 의미하는 제
위진백편이 있었는데, 그것을 하지 않고 바로 공양의식을 제시하고
있다. 내용상으로 보면 이곳의 공양은 상단과 중단의 공양이라고 볼
수 있다.

上壇勸供
상 단 권 공

상중하위를 소청한 다음에 권공하는 첫 번째 권공은 상단권공이라고 할 수 있다. 다음 권공 내용은 상단권공이다. 정법계진언과 다게를 염송하며 차를 올리고 진공진언을 한 다음 봉행할 수도 있다.

加持變供
가 지 변 공

切以 淨壇旣設 香供斯陳 微塵之刹在前 滿月之
절 이 정 단 기 설 향 공 사 진 미 진 지 찰 재 전 만 월 지
容降會 栴檀再爇 蘋藻交陳 欲成供養之周圓
용 강 회 전 단 재 설 빈 조 교 진 욕 성 공 양 지 주 원
須仗加持之變化 仰惟三寶 特賜加持
수 장 가 지 지 변 화 앙 유 삼 보 특 사 가 지

가만히 생각해 보니, 깨끗한 공양단은 이미 시설하였고 향기로운 공양은 이미 공양물이 이렇게 진설되었습니다. 티끌 같은 세계가 앞에 있고 만월 같은 용모 재회에 강림하였으니 전단향을 다시 사르고 맛있는 음식을 교차하여 차렸습니다. 공양이 두루 원만하게 이뤄지려면 가지의 변화에 의지해야 하오니, 자비와 지혜의 세존께서는 증명하여 주시기를 우러릅니다.

南無十方佛 · 法 · 僧
나 무 시 방 불 법 승

[四陀羅尼]
사 다 라 니

五供養
오 공 양

上來 加持已訖 供養將陳 以此香羞 特伸供養[89]
상 래 가 지 이 흘 공 양 장 진 이 차 향 수 특 신 공 양

위에서 가지를 마쳤으니 공양을 올립니다. 이 향긋한 공양물을 특별히 바칩니다.

香供養 燃香供養 燈供養 燃燈供養
향 공 양 연 향 공 양 등 공 양 연 등 공 양

[향공양][90] 향을 사라 공양하오니 [등공양] 등을 밝혀 공양하오니

茶供養 仙茶供養 果供養 仙果供養
다 공 양 선 다 공 양 과 공 양 선 과 공 양

[다공양] 신선계의 차로 공양하오니 [과공양] 신선계의 차로 공양하오니

米供養 香米供養 不捨慈悲 受此供養
미 공 양 향 미 공 양 불 사 자 비 수 차 공 양

[繞匝]
요 잡

[미공양] 향미로 공양하오니 자비를 버리지 마시고 이 공양을 받으소서.

---

89) 유통본의 공양은 본고에는 '拜獻'으로 등장하는 본이 많다.
90) 향공양 등공양 다공양 등은 제목인데 현재 본문처럼 읽기도 한다. 해석본에서는 꺾쇠 괄호 표기를 하여 본문과 구별한다.

加持偈
가 지 게

以此加持妙供具 供養三身諸佛陀
이 차 가 지 묘 공 구 공 양 삼 신 제 불 타

이 가지한 오묘한 공양구로 법신 보신 화신 붓다께 공양합니다.

以此加持妙供具 供養地藏大聖尊
이 차 가 지 묘 공 구 공 양 지 장 대 성 존

이 가지한 오묘한 공양구로 지장보살 대성존께 공양합니다.

以此加持妙供具 供養六光菩薩衆
이 차 가 지 묘 공 구 공 양 육 광 보 살 중

이 가지한 오묘한 공양구로 육광보살님께 공양합니다.

以此加持妙供具 供養化身六天曹
이 차 가 지 묘 공 구 공 양 화 신 육 천 조

이 가지한 오묘한 공양구로 화신의 여섯 천조께 공양합니다.

以此加持妙供具 供養道明無毒尊
이 차 가 지 묘 공 구 공 양 도 명 무 독 존

이 가지한 오묘한 공양구로 도명존자 무독 귀왕께 공양합니다.

以此加持妙供具 供養釋梵諸天衆
이 차 가 지 묘 공 구 공 양 석 범 제 천 중

이 가지한 오묘한 공양구로 제석천왕 범천왕님들께 공양합니다.

以此加持妙供具 供養護世四王衆[91]
이 차 가 지 묘 공 구 공 양 호 세 사 왕 중

이 가지한 오묘한 공양구로 호세사천왕께 공양합니다.

不捨慈悲受此供 施作佛事度衆生
불 사 자 비 수 차 공 시 작 불 사 도 중 생

자비를 버리지 마시고 이 공양을 받으시고 불사를 펴시어 중생을 건지소서.

普供養眞言, 普廻向眞言, 消災呪 [云云]
보 공 양 진 언 보 회 향 진 언 소 재 주 운운

---

91) 청련사 『예수재의문』에는 상위권공에 범석사천왕을 합병하여 6위 공양이나 『예수시왕
생칠재의찬요』(한의총2, 83상)에는 현재와 같은 7위 공양으로 이뤄져 있다.

中壇勸供
중 단 권 공

상단권공이 끝나면 예수재의 핵심 권공이라고 할 수 있는 시왕단
이 중심인 중단권공이 이어진다.

淨法界眞言
정 법 계 진 언

옴 람 [삼설]

茶偈
다 게

我今化出百千手 各執香花燈茶果
아 금 화 출 백 천 수   각 집 향 화 등 다 과

奉獻冥間大會前 願垂慈悲哀納受
봉 헌 명 간 대 회 전   원 수 자 비 애 납 수

제가 이제 백천의 손을 변화해서 내어
각 손마다 향화등과다를 잡고
명강의 대회의 왕들 앞에 바치오니
자비를 드리우사 불쌍히 여겨 받으소서.

加持變供
가 지 변 공

切以 香燈耿耿 玉漏沈沈 正當普供十方 亦可冥
절 이   향 등 경 경   옥 루 침 침   정 당 보 공 시 방   역 가 명

資三有 玆者 重伸激切 再爇名香 欲成供養之周
자 삼 유　자 자　중 신 격 절　재 설 명 향　욕 성 공 양 지 주
圓 須仗加持之變化 仰惟冥鑑 俯賜加持
원　수 장 가 지 지 변 화　앙 유 명 감　부 사 가 지

가만히 생각해 보니, 향과 등불 밝게 빛나고 시간은 오래 되어 밤이 깊었습니다. 이치에 맞도록 시방의 삼보에 널리 공양하였으니, 명부의 시왕님과 삼유의 권속들에게 공양해야 합니다. 이에 간절한 마음을 거듭 펴며 명향을 다시 사르옵니다. 공양이 두루 원만하게 이루어지려면 가지의 변화에 의지해야 하오니, 그윽이 살피시어 가지를 내리소서.

南無十方佛 南無十方法 南無十方僧
나 무 시 방 불　나 무 시 방 법　나 무 시 방 승

[四陀羅尼]
　사 다 라 니

　　普伸拜獻
　　보 신 배 헌
上來 加持已訖 變化無窮 願此香爲解脫知見 願
상 래　가 지 이 흘　변 화 무 궁　원 차 향 위 해 탈 지 견　원
此燈爲般若智光 願此水爲甘露醍醐 願此食爲法
차 등 위 반 야 지 광　원 차 수 위 감 로 제 호　원 차 식 위 법
喜禪悅 乃至 幡花互列 茶果交陳 卽世諦之莊嚴
희 선 열　내 지　번 화 호 열　다 과 교 진　즉 세 체 지 장 엄
成妙法之供養 慈悲所積 定慧所熏 以此香羞
성 묘 법 지 공 양　자 비 소 적　정 혜 소 훈　이 차 향 수
特伸拜獻
특 신 배 헌

위에서 가지를 마쳤고 무궁하게 변화하였습니다. 이 향은 해탈지견향이 되고, 이 등불은 반야지혜 광명의 등이 되고, 이 청정수는 감로제호가 되고, 이 음식은 법회의 선열식이 되고 [내지 번과 꽃을 서로 벌려 놓았을 때는] 번

과 꽃은 세상의 진리를 장엄하게 되고, 이 다과는 오묘한 진리의 공양이 이뤄지며, 자비가 쌓이고 정혜가 끼친 이 향긋한 공양물을 특별히 절하며 바칩니다.

五供養
오 공 양
上來 加持已訖 供養 [92]
상 래 가 지 이 흘 공 양

위에서 가지를 마쳤으니 공양합니다.

香供養 燃香供養 燈供養 燃燈供養
향 공 양 연 향 공 양 등 공 양 연 등 공 양

[향공양] [93] 향을 사라 공양하오니 [등공양] 등을 밝혀 공양하오니

茶供養 仙茶供養 果供養 仙果供養
다 공 양 선 다 공 양 과 공 양 선 과 공 양

[다공양] 신선계의 차로 공양하오니 [과공양] 신선계의 차로 공양하오니

米供養 香米供養 不捨慈悲 受此供養
미 공 양 향 미 공 양 불 사 자 비 수 차 공 양

[미공양] 향미로 공양하오니 자비를 버리지 마시고 이 공양을 받으소서.

---

92) 이하에 "將陳 以此香羞 特伸拜獻: [이 향긋한 공양물을 특별히 절하며 바칩니다.] "이 고본에는 삽입되기도 한다.
93) p.201. 주 90) 참조.

加持偈
가 지 게

以此加持妙供具 供養酆都大帝尊
이 차 가 지 묘 공 구 공 양 풍 도 대 제 존

이 가지한 오묘한 공양구로 풍도대제존께 공양합니다.

以此加持妙供具 供養十王冥府衆
이 차 가 지 묘 공 구 공 양 시 왕 명 부 중

이 가지한 오묘한 공양구로 명부 시왕들께 공양합니다.

以此加持妙供具 供養泰山府君衆
이 차 가 지 묘 공 구 공 양 태 산 부 군 중

이 가지한 오묘한 공양구로 태산부군들께 공양합니다.

以此加持妙供具 供養十八獄王衆
이 차 가 지 묘 공 구 공 양 십 팔 옥 왕 중

이 가지한 오묘한 공양구로 열여덟 지옥의 왕들께 공양합니다.

以此加持妙供具 供養諸位判官衆
이 차 가 지 묘 공 구 공 양 제 위 판 관 중

이 가지한 오묘한 공양구로 제위의 판관들께 공양합니다.

以此加持妙供具 供養諸位鬼王衆
이 차 가 지 묘 공 구 공 양 제 위 귀 왕 중

이 가지한 오묘한 공양구로 제위의 귀왕들께 공양합니다.

以此加持妙供具 供養將軍童子衆
이 차 가 지 묘 공 구 공 양 장 군 동 자 중

이 가지한 오묘한 공양구로 장군과 동주들께 공양합니다.

以此加持妙供具 供養衙內從官衆
이 차 가 지 묘 공 구 공 양 아 내 종 관 중

이 가지한 오묘한 공양구로 아문 내의 종관들께 공양합니다.

以此加持妙供具 供養使者卒吏衆
이 차 가 지 묘 공 구 공 양 사 자 졸 리 중

이 가지한 오묘한 공양구로 사자와 졸과 이원들께 공양합니다.

以此加持妙供具 供養不知名位衆
이 차 가 지 묘 공 구 공 양 부 지 명 위 중

이 가지한 오묘한 공양구로 이름도 자리도 모르는 이들께 공양합니다.

悉皆受供發菩提 永離一切諸惡道
실 개 수 공 발 보 리 영 리 일 체 제 악 도

모두 공양을 받으시고 보리심을 내어 영원히 일체의 악도를 벗어나소서.

공양주, 회향주, 금강경찬 등 제 진언은 상례대로 하고, 원아금유 차일(願我今唯此日)을 운운한다.

[和請, 祝願和請]
화 청 축 원 화 청

普供養眞言
보공양진언
옴 아아나 삼바바 바아라 훔 [삼설]

普廻向眞言
보회향진언
옴 삼마라 삼마라 미만나 사라마하 자거라 바 훔 [삼설]

전통의 예수재의문에 실린 십이생상속에는 육십갑생마다『금강
경』간경할 권수가 나와 있다. 그것들을 다 읽지 못할 때 이 금강경
찬을 읽었다고 할 수 있다. 이 한편이『금강경』삼십만편과 같다는
신앙이 성립되었다고 볼 수 있다.

金剛般若波羅蜜經纂
금강반야바라밀경찬
如是我聞 善男子善女人 受持讀誦此經纂一卷
여시아문 선남자선여인 수지독송차경찬일권
如轉金剛經 三十萬遍 又得神明加被 衆聖提携
여전금강경 삼십만편 우득신명가피 중성제휴
國建大曆七年 毘山縣令 劉氏女子 年一十九歲
국건대력칠년 비산현령 유씨여자 연일십구세
身亡 至七日 得見閻羅大王 問曰 一生已來 作何
신망 지칠일 득견염라대왕 문왈 일생이래 작하
因緣 女子答曰 一生已來 偏持得金剛經 又 問曰
인연 여자답왈 일생이래 편지득금강경 우 문왈
何不念金剛經纂 女子答曰 緣世上無本 王曰
하불념금강경찬 여자답왈 연세상무본 왕왈
放汝還活 分明記取經文 從如是我聞 至信受奉行
방여환활 분명기취경문 종여시아문 지신수봉행

都計 五千一百四十九字 六十九佛 五十一世尊
도 계　오 천 일 백 사 십 구 자　육 십 구 불　오 십 일 세 존

八十五如來 三十七菩薩 一百三十八須菩提
팔 십 오 여 래　삼 십 칠 보 살　일 백 삼 십 팔 수 보 리

二十六善男子善女人 三十八何以故 三十六衆生
이 십 육 선 남 자 선 여 인　삼 십 팔 하 이 고　삼 십 육 중 생

三十一於意云何 三十如是 二十九阿耨多羅三
삼 십 일 어 의 운 하　삼 십 여 시　이 십 구 아 뇩 다 라 삼

藐三菩提 二十一布施 十八福德 一十三恒河沙
막 삼 보 리　이 십 일 보 시　십 팔 복 덕　일 십 삼 항 하 사

十二微塵 七箇三千大千世界 七箇三十二相
십 이 미 진　칠 개 삼 천 대 천 세 계　칠 개 삼 십 이 상

八功德 八莊嚴 五波羅蜜 四須陀洹 四斯陀含
팔 공 덕　팔 장 엄　오 바 라 밀　사 수 다 원　사 사 다 함

四阿那含 四阿羅漢 此是 四果僊人 如我昔
사 아 나 함　사 아 라 한　차 시　사 과 선 인　여 아 석

爲歌利王 割截身體 如我往昔 節節支解時
위 가 리 왕　할 절 신 체　여 아 왕 석　절 절 지 해 시

若有我相 人相 衆生相 壽者相 一一 無我見
약 유 아 상　인 상　중 생 상　수 자 상　일 일　무 아 견

人見 衆生見 壽者見 三比丘尼 數內 七四句偈
인 견　중 생 견　수 자 견　삼 비 구 니　수 내　칠 사 구 게

凡所有相 皆是虛妄 若見諸相非相 卽見如來
범 소 유 상　개 시 허 망　약 견 제 상 비 상　즉 견 여 래

不應住色生心 不應住聲香味觸法生心 應無所住
불 응 주 색 생 심　불 응 주 성 향 미 촉 법 생 심　응 무 소 주

而生其心 若以色見我 以音聲求我 是人行邪道
이 생 기 심　약 이 색 견 아　이 음 성 구 아　시 인 행 사 도

不能見如來 一切有爲法 如夢幻泡影 如露亦如電
불 능 견 여 래　일 체 유 위 법　여 몽 환 포 영　여 로 역 여 전

應作如是觀
응 작 여 시 관

摩訶般若波羅蜜
마 하 반 야 바 라 밀

이와 같이 들었습니다. 선남자선여인이 이 경권 한 권을 받아 지니고 독송하면 금강경 삼십만편을 전독한 것과 같아서 신명의 가피를 입고 여러 성현들이 손을 잡고 인도해주신다. 나라가 서고 대력 7년(772) 비산현의 현령 유씨의 딸이 19세에 죽었다. 칠일이 지나 염라대왕을 만났다. 대왕이 물었다. 일생 동안 어떤 인연을 지었는가? 여자가 답했다. 일생 동안 오로지 금강경을 지니고 염송했습니다. 다시 대왕이 물었다. 어찌해서 금강경찬을 염송하지 않았는가? 여자가 대답했다. 세상에는 그 본이 없습니다. 대왕이 말했다. 너를 돌려 보내 살려줄 터이니 그 경문을 분명히 기억하여라. 여시아문부터 신수봉행까지는 도계 5,149자인데, 69번의 불, 51번의 세존, 85번의 여래, 37번의 보살, 138번의 수보리, 26번의 선남자선여인, 38번의 하이고, 36번의 중생, 31번의 어의운하, 30번의 여시, 29번의 아뇩다라삼먁삼보리, 21번의 보시, 18번의 복덕, 13번의 항하사, 12번의 미진, 7번의 삼천대천세계, 7번의 삼십이상, 8번의 공덕수, 8번의 장엄, 5번의 바라밀, 4번의 수다원, 4번의 사다함, 4번의 아나함, 4번의 아라한, 이분들이 사과선인이다. 내가 옛날 가리왕 때 신체를 잘리고 내가 그때 사지가 마디마디 잘렸다. 내가 아상 인상 중생상 수자상이 있었다면, 하나하나마다 아견 인견 중생견 수자견이 없었다. 3번의 비구니 몇 수의 7편의 사구게, 있는 상은 다 허망한 것 제상과 비상을 보면 곧 여래를 보리라. 색에 머무는 마음을 내지 않고 성·향·미·촉·법에도 머무는 마음을 내지 않는다. 머묾이 없이 마음을 낼지니라. 모습으로 나를 보려 하거나 소리로써 나를 구하려 하면 사도를 행하는 것이라 여래를 볼 수 없다. 일체 유위법은 꿈 같고 물거품 같고 그림자 같고 이슬 같고 번개 같으니 이렇게 봐야 할지니라.

마하반야바라밀

佛說消災吉祥陀羅尼
불설소재길상다라니

나무 사만다 못다남 아바라지 하다사 사나남 다냐타

옴 카카카혜 카혜 훔 훔 아바라 아바라 바라아바라

바라아바라 지따지따 지리지리 빠다빠다 선지가

시리예 사바하 [삼설]

大願成就眞言
대원성취진언

옴 아모카 살바다라 사다야 시베 훔 [삼설]

補闕眞言
보궐진언

옴 호로호로 사야목계 사바하 [삼설]

歎白
탄백

諸聖慈風誰不好 冥王願海最難窮
제 성 자 풍 수 불 호 명 왕 원 해 최 난 궁
五通迅速尤難測 明察人間瞬息中
오 통 신 속 우 난 측 명 찰 인 간 순 식 중

자비로운 여러 성인 어느 누가 좋아하지 않으랴
명왕의 원력은 바다 같아 다하기가 어렵구나.
오신통으로 신속하니 측량하기 어렵고
인간 세계 밝혀 살피는 것도 순식간이네.

來往群官持路頭 黃泉風景卽仙遊
내 왕 군 관 지 로 두 황 천 풍 경 즉 선 유
行人不識桃源洞 只說香葩泛水流
행 인 불 식 도 원 동 지 설 향 파 범 수 류

오가는 관헌들은 길가를 지키고
황천의 풍경은 신선의 놀음이네.
행인은 무릉도원을 알지 못하고
단지 향꽃이 물에 떠내려갔다고 말하네.

축원 또는 회심곡을 할 수도 있다. 상황이 여의치 않으면 곧바로
고사판관 권공을 한다.

庫司判官勸供
고 사 판 관 권 공

淨法界眞言
정 법 계 진 언
옴 람 [삼설]

소청을 하고 난 다음 차를 한 잔 올리고 상단부터 공양을 올릴 때는
여기서 다게는 적합하지 않고 공양게는 할 수도 있다.

加持變供
가 지 변 공
香羞羅列 某氏虔誠 欲求供養之周圓
향 수 나 열 모 씨 건 성 욕 구 공 양 지 주 원

須仗加持之變化 仰唯三寶 特賜加持
수 장 가 지 지 변 화 앙 유 삼 보 특 사 가 지

향긋한 재수를 나열한 것은 모씨의 정성입니다. 공양이 원만하게 이뤄지
면 가지의 변화에 의지해야 하오니 삼보님 특별히 가지를 내리소서.

南無十方佛 南無十方法 南無十方僧 [삼설]
나 무 시 방 불 나 무 시 방 법 나 무 시 방 승

無量威德 自在光明勝妙力 變食眞言
무 량 위 덕 자 재 광 명 승 묘 력 변 식 진 언
나막 살바 다타아다 바로기제 옴 삼마라 삼마라 훔 [삼설]

　　施甘露水眞言
　　　　시 감 로 수 진 언
나모 소로바야 다타아다야 다냐타 옴 소로소로
바라소로 바라소로 사바하 [삼설]

　　一字水輪觀眞言
　　　　일 자 수 륜 관 진 언
옴 밤 밤 밤 밤 [삼설]

　　乳海眞言
　　　유 해 진 언
나모 사만다 못다남 옴 밤 [삼설]

사다라니로 변식을 한 공양물 올리는 의식을 오공양이라고 하는데 전통적으로 향화공양으로 운심공양하는 방식을 지칭했다고 보이나 육법공양을 간단히 하는 것이라는 설도 있다.

五供養
오공양

上來 加持已訖 變化無窮 以此香羞 特伸供養[94]
상래 가지이흘 변화무궁 이차향수 특신공양

拜獻
배헌

위에서 가지를 마쳤으니 변화가 무궁합니다. 이 향긋한 공양물을 특별히 절하며 바칩니다.

香供養 燃香供養 燈供養 燃燈供養
향공양 연향공양 등공양 연등공양

[향공양] 향을 사라 공양하오니 [등공양] 등을 밝혀 공양하오니

茶供養 仙茶供養 果供養 仙果供養
다공양 선다공양 과공양 선과공양

[다공양] 신선계의 차로 공양하오니 [과공양] 신선계의 차로 공양하오니

---

94) 유통본의 공양은 고본에는 '拜獻'으로 등장하는 본이 많다.

米供養 香米供養 不 捨慈悲 受此供養
미 공 양   향 미 공 양   불   사 자 비   수 차 공 양

[繞匝]
　　요 잡

[미공양] 향미로 공양하오니 자비를 버리지 마시고 이 공양을 받으소서.

加持偈
　　가 지 게

以此加持妙供具 供養天曹地府衆
이 차 가 지 묘 공 구   공 양 천 조 지 부 중

이 가지한 오묘한 공양구로 천조 지부중께 공양합니다.

以此加持妙供具 供養本命星錄官
이 차 가 지 묘 공 구   공 양 본 명 성 록 관

이 가지한 오묘한 공양구로 본명 성록관께 공양합니다.

以此加持妙供具 供養善惡童子衆
이 차 가 지 묘 공 구   공 양 선 악 동 자 중

이 가지한 오묘한 공양구로 선악 동자중께 공양합니다.

以此加持妙供具 供養宅神將軍衆
이 차 가 지 묘 공 구   공 양 택 신 장 군 중

이 가지한 오묘한 공양구로 택신 장군께 공양합니다.

以此加持妙供具 供養家竈大王衆
이 차 가 지 묘 공 구 공 양 가 조 대 왕 중

이 가지한 오묘한 공양구로 집의 부엌 대왕중께 공양합니다.

以此加持妙供具 供養水草將軍衆
이 차 가 지 묘 공 구 공 양 수 초 장 군 중

이 가지한 오묘한 공양구로 수초 장군중께 공양합니다.

以 此加持妙供具 供養福祿財祿官
이 차 가 지 묘 공 구 공 양 복 록 재 록 관

이 가지한 오묘한 공양구로 복록 재록관께 공양합니다.

以此加持妙供具 供養衣祿命祿官
이 차 가 지 묘 공 구 공 양 의 록 명 록 관

이 가지한 오묘한 공양구로 의록 명록관께 공양합니다.

以此加持妙供具 供養食祿錢祿官
이 차 가 지 묘 공 구 공 양 식 록 전 록 관

이 가지한 오묘한 공양구로 식록 전록관께 공양합니다.

以此加持妙供具 供養本庫星官等
이 차 가 지 묘 공 구 공 양 본 고 성 관 등

이 가지한 오묘한 공양구로 본고 성군 등께 공양합니다.

虔誠拜獻妙供具 不捨慈悲受此供
건 성 배 헌 묘 공 구 불 사 자 비 수 차 공

경건히 오묘한 공양구 정성으로 올리니 자비를 버리지 않고 받으소서.

普供養眞言
보 공 양 진 언
옴 아아나 삼바바 바아라 훔 [삼설]

普廻向眞言
보 회 향 진 언
옴 삼마라 삼마라 미만나 사라마하 자가라바 훔 [삼설]

　　이하 원성취진언과 보궐진언을 염송하기도 하지만 보회향진언으로 마치는 것이 더 명확할 수 있다. 왜냐하면 원성취진언은 수륙 본재 때 사홍서원을 발원하고 하는 진언이고, 보궐진언은 경전 염송의 법석을 완전히 마치지 못할 때, 특히 법화경을 매일 1권씩 염송한 다음 염송하지 못한 것을 보궐한다는 의미에서 출현한 게송이라고 할 수 있기 때문이다.

緘合疏 皮封式
함합소 피봉식

[謹備文疏拜獻 十類三途等衆]
근 비 문 소 배 헌 십 류 삼 도 등 중

釋迦如來遺敎弟子 奉行加持 法事沙門 某謹封
석 가 여 래 유 교 제 자 봉 행 가 지 법 사 사 문 모 근 봉

據 娑婆世界 (住所 齋者) 伏爲 現增福壽 當生淨刹
거 사 바 세 계 주소 재자 복 위 현 증 복 수 당 생 정 찰

之願 就於(某山寺) 以 今月今日 預修十王生七之齋
지 원 취 어 모산사 이 금 월 금 일 예 수 시 왕 생 칠 지 재

謹命秉法闍梨(一員) 及 法事僧[一壇] 約一日[一夜]
근 명 병 법 사 리 일원 급 법 사 승 일 단 약 일 일 일 야

揚幡發牒 結界建壇 式尊科儀 嚴備壽生貸欠之錢
양 번 발 첩 결 계 건 단 식 존 과 의 엄 비 수 생 대 흠 지 전

廣列香花珍羞之味 上供十方聖賢之尊 中供十王
광 열 향 화 진 수 지 미 상 공 시 방 성 현 지 존 중 공 시 왕

冥府之衆 下及各位案列諸司 次至庫司壇前 普召
명 부 지 중 하 급 각 위 안 열 제 사 차 지 고 사 단 전 보 소

十二生相 諸位聖聰 天曹眞君 地府眞君 本命元
십 이 생 상 제 위 성 총 천 조 진 군 지 부 진 군 본 명 원

神 本命星官 善符童子 惡符童子 宅神土地 五道
신 본 명 성 관 선 부 동 자 악 부 동 자 택 신 토 지 오 도

將軍 家竈大王 水草將軍 福祿官 財祿官 衣祿官
장 군 가 조 대 왕 수 초 장 군 복 록 관 재 록 관 의 록 관

食祿官 錢祿官 命祿官 本庫官 廣布法食 備諸香
식 록 관 전 록 관 명 록 관 본 고 관 광 포 법 식 비 제 향

花 一一奉獻 一一供養
화 일 일 봉 헌 일 일 공 양

사바세계 모처에 거주하는 재자 아무개는 현재 세상에서는 복과 수명이 늘어나게 하여 주시고 미래 세계에는 정토세계에 태어나게 되기를 기원하며, 모산 모사에 나아가 금월 모일 미리 시왕전에 살아서 칠칠재를 닦기 위해 삼가 법을 집행하는 사리(闍梨) 한 분과 법을 집행하는 스님 몇

분에게 번기를 걸어 휘날리고 편지를 써서 보내며 결계하여 단을 세우고 법식에 맞추어 명부에 빚진 수생전(壽生錢)을 엄숙하게 준비하고 향과 꽃, 그리고 맛있는 음식을 많이 마련하여 진열하고 상단에는 시방 성현의 높은 분께 공양하고, 중단에는 시왕과 명부의 대중들께 공양하며, 하단에는 각 위(位)의 책상 앞에 나열하고 있는 여러 관리들께 공양 올리고, 그 다음에는 고사단(庫司壇) 앞에 12생(生: 子丑 등 12생)을 관리하는 여러 성총(聖聰)과 천조(天曹)의 진군(眞君), 본명(本命)의 원신(元神), 본명을 주관하는 성군(星君), 재록(財祿)을 담당하는 관리, 의록(衣祿)을 담당하는 관리, 식록(食祿)을 담당하는 관리, 금전을 담당하는 관리, 수명을 담당하는 관리와 본고(本庫)의 관리에 이르기까지 법식(法食)을 널리 차려 놓고 온갖 향과 꽃을 갖추어서 낱낱이 받들어 바치고 낱낱이 공양하기를 명합니다.

切以 一眞凝寂 物我無形 元[95]氣肇分 乃有方位
절이 일진응적 물아무형 원 기조분 내유방위

之界 妄明忽起 仍玆壽生之差 今夫 某氏
지계 망명홀기 잉자수생지차 금부 모씨

某生 齋者 曾於第某庫 某司君前 稟受人身之時
모생 재자 증어제모고 모사군전 품수인신지시

貸欠冥間之錢 (幾貫) 金剛般若經 (幾卷) 已於本命
대흠명간지전 기관 금강반야경 기권 이어본명

聖聰[96] 納於本庫 生於人間 貧富貴賤 修短苦樂
성총 납어본고 생어인간 빈부귀천 수단고락

各得其所 以自受用
각득기소 이자수용

가만히 생각해 보니, 하나의 참 기운이 엉겨 고요하면 물아(物我)가 아무 형상이 없는데, 원기(元氣)가 처음 나누어지자 곧 방위(方位)의 경계가 있

---

95) 유통본 '一'
96) 유통본에는 聰자 뒤에 前이 있으나 『예수시왕생생칠재의찬요』(한의총2, 91상)에는 없음.

게 되었고, 망(妄)과 명(明)이 홀연히 일어나자 잇달아 수생(壽生)의 차이가 생겼습니다. 이제 모씨 모생 재자는 일찍이 모 창고 모 사군(司君) 전에 사람의 몸을 받게 되었을 때 빚진 명부의 돈 몇 관과 금강경 몇 권을 본명을 담당하고 있는 성총의 본 창고에 바치고 인간으로 태어나 가난하고 부유하며 귀하고 천함과 수명의 길고 짧음과 고달프고 즐거움에 대하여 각각 분수에 맞는 것을 얻어 스스로 잘 수용하고 있습니다.

而今所欠冥錢 (幾貫) 金剛經 (幾卷) 備數准卷還納 第
이 금 소 흠 명 전　지 관　금 강 경　지 권　비 수 준 권 환 납 제
某庫某司君前 幸乞納受 第恨無力 不得備數 惟
모 고 모 사 군 전　행 걸 납 수　제 한 무 력　부 득 비 수 유
承佛力 仗法加持 以僞爲眞 以無爲有 變成金銀
승 불 력　장 법 가 지　이 위 위 진　이 무 위 유　변 성 금 은
之錢 一爲無量 無量爲一 一多無碍 事理相[97]融
지 전　일 위 무 량　무 량 위 일　일 다 무 애　사 리 상　융
遍滿刹海之中 我以如是諸佛法力 悉令具足 伏祈
변 만 찰 해 지 중　아 이 여 시 제 불 법 력　실 령 구 족　복 기
聖聰 照察領納 緘合者 謹疏
성 총　조 찰 영 납　함 합 자　근 소

지금 명부에 빚진 돈 몇 관과 경전 몇 권을 본명에 맞게 갖추어 모 창고 모 사군 앞에 환납(還納)하오니, 받아 주시면 다행이겠습니다. 다만 한스러운 것은 제가 힘이 없어 그 수효를 다 준비하지 못한 것입니다. 부디 붓다의 힘을 입어 붓다의 가지법에 의지하여 가짜를 진짜로 변화시키고 없는 것을 있게 만들며, 금은(金銀) 지전을 변화하여 하나가 한량없이 많게 되고 한량없이 많은 것은 하나가 되게 하여 하나와 많음이 걸림 없고 사물과 이치가 서로 융화하여 찰해(刹海) 안에 가득해지게 하소서.
저도 이와 같아서 모든 붓다의 법력(法力)으로 모두를 다 갖추었으니, 성

---

97) 『예수시왕생칠재의찬요』(한의총2, 91상)에는 '相'이나 유통본에는 '雙'으로 나옴.

총께서는 밝게 살피시어 받아주시옵소서. 편지를 써서 봉합한 이가 삼가 아룁니다.

年　月　日　秉法沙門　某甲押
년　월　일　병법사문　모갑압

함합소는 개인에게 발부하는 증명서라고 할 수 있다. 개인마다 갚아야 할 빚이 다르고 읽어야 할 경전의 권수가 다르기 때문이다. 예수재를 여법하게 봉행하려면 십이생상속에 정해진 빚을 갚고 『금강경』을 지성으로 읽어 금강불괴의 몸을 얻어야 한다.

馬廏壇 勸供
마 구 단 권 공

예수재로 갚은 명부전을 명부의 시왕에게 옮기는 신마(神馬)에 올리는 권공이다.

淨法界眞言
정 법 계 진 언

옴 람 [삼설]

運心偈
운 심 게

願此淸淨妙香饌 供養幽冥神馬衆
원 차 청 정 묘 향 찬 공 양 유 명 신 마 중

受此妙供大因緣 速離本趣生善道
수 차 묘 공 대 인 연 속 리 본 취 생 선 도

이 청정하고 오묘한 향찬을, 유명계의 신마중에 공양합니다.
이 큰 인연 있는 오묘한 공양 받으시고
속히 본취를 떠나 선도에 태어나소서.

나막 살바다타 아제 백미 새바 목케배약 살바다캄
오나아제 바라해맘 옴 아아나캄 사바하 [삼설]

보공양진언, 회향진언 등 제 진언을 염송하고 불사를 때

歸依佛 歸依法 歸依僧 [삼설]
귀 의 불　귀 의 법　귀 의 승

奉送眞言
봉 송 진 언
옴 바아라 사다 목차목 [삼설]

한국불교 수륙재나 예수재를 할 때 행하는 마구단 권공에 대해 착오가 있다고 생각된다. 사직사자가 초청장 첩을 가지고 사천 허공 지상 염마의 네 세계로 떠나갈 때 타는 말은 대체로 사직사자와 함께 그려지고 있다. 그러므로 그곳에서 권공을 해야 한다. 대만 불교 수륙재에서는 그렇게 하는 모습을 볼 수 있다. 해탈문 밖 마굿간을 설치하고 전마 10필로 그려 모시는 신마는 명부 시왕에게 명부전(冥府錢)을 옮기는 말이다. 사직사자의 신마 4필과 명부시왕에 명부전을 옮기는 신마 10필은 다른 것이다. 해탈문 밖에 10필로 모시는 신마는 사직사자의 말이라고 할 수 없으므로 수륙재에서 사자단 권공 의식 뒤에 10필의 신마에게 권공하는 것은 그 10필을 사직사자의 말로 이해하고 있기 때문이라고 보이는데 착오라고 할 수 있을 것 같다.

觀音施食
관 음 시 식

　　관음시식은 하단시식으로 상단의 삼보님, 중단의 명부시왕과 권속에 공양을 올려 재자와 재자의 조상 혼령들을 위한 명복을 닦아주고, 이어 하단의 혼령들에게 법의 공양을 베푸는 의식이다. 이때의 혼령들은 주로 예수재 동참 재자의 조상님이다. 전시식과 달리 법당 내에서 행해지며 上시식이라고 한다. 관음시식은 혼령을 부르는 창혼(唱魂)을 한 다음 착어라는 법어를 들려준다. 혹시 도착하지 못한 혼령들을 위해 다시 요령을 울리고 대비주·파지옥진언·해원결진언 등을 염송하여 인식의 틀을 깨부순 다음 혼령을 三請한다. 혼령을 청할 때에도 인로왕보살을 청하고 혼령을 삼청하는데, 이 삼청은 전통 재 의례에서 국혼청·승혼청·고혼청을 하던 것이 현대에는 당해 혼령과 혼령 위주 인연 혼령을 청한다. 그런 다음 공양물이 좋은 공양으로 변하게 하는 변식진언 등 여러 진언을 염송한다. 또 혼령의 정화를 위해 다보여래 등의 붓다의 명호를 세 번씩 칭명해 혼령의 업장을 소멸해 어려움을 없애 공양을 받을 수 있도록 도와준다. 음식 공양 이후에는 진리의 게송을 설해 깨달음을 얻게 하고, 마지막으로 장엄염불로 염불하여 극락왕생의 공덕을 쌓아주며 관음시식을 마친다.

擧佛
거 불

南無 極樂導師 阿彌陀佛
나무 극락도사 아미타불

南無 左右補處 兩大菩薩
나무 좌우보처 양대보살

南無 接引亡靈 引路王菩薩
나무 접인망령 인로왕보살

據 娑婆世界 南贍部洲 東洋 大韓民國 (住所) 清淨
거 사바세계 남섬부주 동양 대한민국 주소 청정

水月道場 今此 至極之精誠 (生前預修生七日齋 祖上位牌奉安
수월도량 금차 지극지정성 생전예수생칠일재 조상위패봉안

薦度施食齋) 薦魂齋者 (住所) 居住 行孝子 ○○○等 伏爲
천도시식재 천혼재자 주소 거주 행효자 등 복위

所薦亡 (嚴父·慈母) (某靈駕) 第當 (生前預修生七日齋 祖上位牌奉安
소천망 엄부자모 모영가 제당 생전예수생칠일재 조상위패봉안

薦度施食齋) 之晨爲亦 上世先亡 師尊父母 多生師長
천도시식재 지신위역 상세선망 사존부모 다생사장

累世宗親 弟兄叔伯 姉妹姪孫 五族六親 遠近親戚
누세종친 제형숙백 자매질손 오족육친 원근친척

一切眷屬等 各列位列名靈駕 此道場宮内外
일체권속등 각열위열명영가 차도량궁내외

洞上洞下 有主無主 一切孤魂 諸佛子等 各列
동상동하 유주무주 일체고혼 제불자등 각열

位列名靈駕 鐵圍山間 五無間地獄 一日一夜
위열명영가 철위산간 오무간지옥 일일일야

萬死萬生 受苦含靈等衆 各列位列名靈駕
만사만생 수고함령등중 각열위열명영가

사바세계 남섬부주 동양 대한민국 (주소) 청정수월도량에 오늘 지극한 정
성으로 (생전예수생칠일재, 조상위패 봉안 천도시식재) 혼령에 천신하는 재자 (주
소)에 거주하는 행효자 모인 등이 엎드려 천도하려는 망인 엄부자모 모
인 영가의 제 (생전예수시왕생칠재 조상위패봉안 천도시식재)의 때를 당하여 또

한 혼령이 중심이 되어 상세선망 사존부모 다생사장 누세종친 형제 숙배 자매질손 오족육친 원근친척 일체 권속등 각 열위열명영가, 이 도량궁 내외 동상동하 유주무주 일체 고혼 제불자들 각 열위열명영가, 철위산간 오무간지옥에서 하루낮 하루 밤 동안 만 번 죽고 만 번 태어나는 고통을 받는 일체의 함령 등의 각 열위 열명영가시어,

거불을 마치고 혼령을 부르는 창혼을 하는데, 관음시식이 상시식이라고 보고 무주고혼을 전시식에서 시식한다면 혼령과 혼령의 집안 원근 친척 혼령이 중심이 되면 좋을 것 같다. 관음시식이 처음 편집된 17세기 중반 에 간행된 의문의 관음시식에는 당해 혼령의 친척 혼령들만 청해지는 모 습을 볼 수 있다.

着語
착어

靈源湛寂 無古無今 妙體圓明 何生何死 便是
영 원 담 적　무 고 무 금　묘 체 원 명　하 생 하 사　변 시

釋迦世尊 摩竭掩關之時節 達摩大師
석 가 세 존　마 갈 엄 관 지 시 절　달 마 대 사

少林面壁之家風 所以 泥蓮河側 槨示雙趺
소 림 면 벽 지 가 풍　소 이　니 련 하 측　곽 시 쌍 부

葱嶺途中 手携隻履 諸佛子 還會得 湛寂圓
총 령 도 중　수 휴 척 리　제 불 자　환 회 득　담 적 원

明底一句麼 [良久]
명 저 일 구 마　양 구

俯仰隱玄玄 視聽明歷歷 若也會得 頓證法身
부 앙 은 현 현　시 청 명 력 력　약 야 회 득　돈 증 법 신

永滅飢虛 其或未然 承佛神力 仗法加持 赴此香壇
영 멸 기 허　기 혹 미 연　승 불 신 력　장 법 가 지　부 차 향 단

受我妙供 證悟無生
수 아 묘 공　증 오 무 생

혼령의 근원은 맑고 고요해 옛날도 지금도 다시없으리. 묘체는 뚜렷이

밝아 있으니 어디에 나고 죽음 있을까 보냐. 이 도리는 석가세존 마가다 국에서 적연부동 앉아 계신 참 도리이며 달마대사 소림굴에서 면벽하신 소식이로세. 이 때문에 석가세존 니련선하 측에서 관 밖으로 양쪽 발을 내보이셨고, 달마대사 총령고개 넘어가면서 한 손에 짚신 한 짝 들고 가셨네. 불자들이시여, 그렇다면 맑디맑고 고요하면서 원명한 한 소식을 아시겠습니까! [양구, 묵묵히 혼령을 바라보고 있다가] 우러러나 수그리나 오묘하고 보고 듣는 그 사이에 너무 분명한 생멸 없는 이 도리를 깨닫는다면 단박에 법신을 증득하여서 길이길이 굶주림을 벗을 것이나 만일에 그렇지 못하면 붓다의 큰 힘을 받아들이고 불법의 가지 힘에 의지하여서 이 향단에 강림하여 묘공을 받고 무생법인 큰 깨달음 증득하소서.

振鈴偈
진령게

以此振鈴伸召請 冥途鬼界普聞知
이 차 진 령 신 소 청 명 도 귀 계 보 문 지
願承三寶力加持 今日今時來赴會
원 승 삼 보 력 가 지 금 일 금 시 내 부 회

요령 울려 두루 청하니, 명계 귀계 귀신들은 듣고 아시고
삼보님의 가지 힘에 의지하여서 오늘의 이 법회에 어서 오소서.

上來召請 諸佛子等 各列位列名靈駕
상 래 소 청 제 불 자 등 각 열 위 열 명 영 가

위에서 청한 여러 불자들과 각 자리에 있는 혼령들이시여,

着語
착어

慈光照處蓮花出 慧眼觀時地獄空
자 광 조 처 연 화 출 혜 안 관 시 지 옥 공

又況大悲神呪力 衆生成佛刹那中
우 황 대 비 신 주 력 중 생 성 불 찰 나 중

자비광명 비추는 곳 연꽃이 피고
지혜눈길 이르는 곳 지옥 없어라
더군다나 대비신주 의지한다면
중생들이 성불함은 찰나간이라.

千手一片爲孤魂 至心諦聽 至心諦受
천 수 일 편 위 고 혼 지 심 제 청 지 심 제 수

고혼을 위해서 천수 일편 염송하리니,
지극한 마음으로 들으시고 지극한 마음으로 받으소서.

神妙章句大陀羅尼 [云云]
신 묘 장 구 대 다 라 니 운운

華嚴四句偈
화 엄 사 구 게

若人欲了知 三世一切佛
약 인 욕 요 지 삼 세 일 체 불

應觀法界性 一切唯心造
응 관 법 계 성 일 체 유 심 조

과거 현재 미래세 붓다의 경계, 수행자여 확연하게 아시려면
법계의 성품은 한 결같이 마음이 지어냄을 보아야 하리.

몽산 덕이의 『증주선교시식의』에는 이 게송은 파지옥게라고 하고
있다. 다음의 파지옥진언과 한 짝이 되는 현밀의식의 양상이다.

破地獄眞言
파 지 옥 진 언
옴 가라지야 사바하 [삼설]

解寃結眞言
해 원 결 진 언
옴 삼다라 가닥 사바하 [삼설]

普召請眞言
보 소 청 진 언
나무 보보제리 가리다리 다타 아다야 [삼설]

혼령들을 초청한 다음 불명을 칭명하는 것은 붓다의 가피를 구하는
의식이라고 할 수 있다. 가피를 구한 다음에는 '귀의삼보'를 하고 있다

南無 常住十方佛
나 무 상 주 시 방 불
南無 常住十方法
나 무 상 주 시 방 법
南無 常住十方僧
나 무 상 주 시 방 승
南無 大慈大悲 救苦救難 觀世音菩薩
나 무 대 자 대 비 구 고 구 난 관 세 음 보 살
南無 大方廣佛華嚴經
나 무 대 방 광 불 화 엄 경

孤魂請
고혼청

一心奉請 實相離名 法身無跡 從緣隱現 若鏡
일심봉청 실상이명 법신무적 종연은현 약경

像之有無 隨業昇沈 如井輪之高下 妙變莫測
상지유무 수업승침 여정륜지고하 묘변막측

喚(98)來何難 願我今此 至極之精誠 (生前預修生七
환 래하난 원아금차 지극지정성 생전예수생칠

日齋 祖上位牌安 薦度施食齋) 薦魂齋者 (住所) 居住 行孝子
일재 조상위패안 천도시식재 천혼재자 주소 거주 행효자

○○○等 伏爲 所薦亡 (嚴父·慈母) (某人) 靈駕 承佛
등 복위 소천망 엄부 자모 모인 영가 승불

威光 來詣香壇 受霑法供
위광 내예향단 수첨법공

일심으로 청합니다. 실상은 이름을 떠나 있고 법신은 종적이 없습니다. 인연 따라 숨거나 드러나는 것은 거울 속의 그림자 있고 없는 것과 같으며 업을 따라 오르고 내리는 것은 우물의 두레박이 오르고 내리는 것과 같습니다. 오묘한 변화는 측량할 수 없고 부르면(환으로) 오시는 것이 어찌 어렵겠습니까. 나는 이제 지극한 마음으로 (생전예수생칠일재, 조상위패봉안 천도시식재)의 혼령에게 천신하는 재자 (주소) 거주하는 행효자 모인 등이 엎드려 천혼을 받는 망자를 천도하려 하오니 (엄부 자모 모인)이시여, 붓다의 광명을 입어 향단에 이르러 진리의 공양을 받으소서.

一心奉請 來時是何物 去時是何物 來時去
일심봉청 내시시하물 거시시하물 내시거

時 本無一物 欲識明明眞住處 靑天白雲萬里通
시 본무일물 욕식명명진주처 청천백운만리통

願我今此 至極之精誠 (生前預修生七日齋 祖上位牌
원아금차 지극지정성 생전예수생칠일재 조상위패

98) 고본에는 '喚'자와 '幻'자가 교차되고 있으나 청한다는 의미이므로 부른다는 것이 의미가 적합하다고 할 수 있음.

奉安 薦度施食齋） 薦魂齋者 （住所） 居住行孝子
봉안 천도시식재　　　천혼재자　　주소　　거주행효자

○○○等 伏爲 所薦亡 （嚴父・慈母）（某人） 靈駕 承佛威
등 복위 소천망　　　엄부 자모　모인　　영가 승불위

光 來詣香壇 受霑法供
광 내예향단 수첨법공

일심으로 청합니다. 왔을 때 그것은 무엇이고, 갈 때의 그것은 무엇입니까. 왔을 때나 갈 때나 본래 그것이라는 한 물건도 없습니다. 밝고 밝은 혼령의 진정 머무는 곳을 알려고 하십니까. 푸른 하늘 흰 구름은 만 리에 통합니다. 나는 이제 지극한 마음으로 (생전예수생칠일재, 조상위패봉안 천도시식재)의 혼령에게 천신하는 재자 (주소) 거주하는 행효자 모인 등이 엎드려 천혼을 받는 망자를 천도하려 하오니 (엄부 자모 모인)이시여, 붓다의 광명을 입어 향단에 이르러 진리의 공양을 받으소서.

一心奉請 若以色見我 以音聲求我 是人行邪道
일심봉청 약이색견아 이음성구아 시인행사도

不能見如來 一念普觀無量劫 無去無來亦無住
불능견여래 일념보관무량겁 무거무래역무주

如是了知三世事 超諸方便成十力 願我今此 至極
여시요지삼세사 초제방편성십력 원아금차 지극

之精誠 （生前預修生七日齋 祖上位牌奉安 薦度施食齋） 薦魂齋者
지정성　　　생전예수생칠일재 조상위패봉안 천도시식재　　　천혼재자

行孝子 ○○○等 伏爲 所薦亡 （嚴父・慈母）（某人） 靈駕
행효자　　　등 복위 소천망　　엄부 자모　모인　　영가

第當 （生前預修生七日齋 祖上位牌奉安 薦度施食齋）之晨爲亦
제당　　　생전예수생칠일재 조상위패봉안 천도시식재　지신위역

上世先亡 曠劫以來 父母 一切親屬等 各列位列
상세선망 광겁이래 부모 일체친속등 각열위열

名靈駕 此道場宮内外 洞上洞下 有主無主 非命
명영가 차도량궁내외 동상동하 유주무주 비명

厄死 雲集孤魂 一切哀魂 諸佛子等 各列位列名
액사 운집고혼 일체애혼 제불자등 각열위열명

靈駕 承佛威光 來詣香壇 受沾香燈茶米供
영가 승불위광 내예향단 수첨향등다미공

일심으로 청합니다. 모습으로 나를 보려거나 음성에서 나를 찾거나 하는
것은 다 삿된 것이라 여래를 볼 수 없느니, 일념 간에 널리 무량겁을 관
하고 감도 옴도 없고 머묾 또한 없느니, 이와 같이 삼세의 일체 일을 확
연히 요달하면 제 방편을 뛰어넘어 십력을 이루리라. 나는 이제 지극한
마음으로 (생전예수생칠재, 조상위패봉안 천도시식재)의 혼령에게 천신하는 재
자 행효자 모인 등이 엎드려 천혼을 받는 (엄부 자모) (모인) 영가를 위해 영
가의 제당 (생전예수생칠재, 조상위패봉안 천도시식재)의 때에 또한 상세선망
광겁이래의 부모와 일체 친척들과 각 자리에 나열한 영가들과 이 도량궁
안팎의 위아래 동네 유주무주의 비명에 재액으로 죽은 이들과 운집한 고
혼들과 일체 슬픈 혼령 등 여러 불자들이여, 각각 자리에 나열한 위패의
혼령들이여, 붓다의 광명을 입어 향단에 이르러 향 등 다 미의 공양을 받
으소서.

歌詠
가 영
諸靈限盡致身亡 石火光陰夢一場
제 령 한 진 치 신 망   석 화 광 음 몽 일 장
三魂杳杳歸何處 七魄茫茫去遠鄉
삼 혼 묘 묘 귀 하 처   칠 백 망 망 거 원 향

망령은 목숨이 다해 죽음에 이르렀으니 돌 불 같은 한 바탕 꿈
삼혼은 아득하니 어디로 가셨고 칠백은 망망하니 고향 가셨습니까.

관음시식의 가영은 수륙재 중례문에 근거하고 있는데, 그곳에는
제령이 망령으로 나온다. 제령들이 수명이 다해 몸이 죽게 되었다

하는 것은 당연한 언사이므로 굳이 언표될 필요는 없다. 여기서 당해 망령이 이제 죽게 되었으니 이러하다는 것을 표현하는 것이다. 왜 이렇게 되었을까를 보면 관음시식이 당해 혼령을 청하는 것보다 고혼들을 청하게 되면서 제령이라고 하였다고 할 수 있다. 다게에서 보았듯이 망령, 제령, 고혼은 그 위치가 다르다고 할 수 있다.

諸佛子 各列位列名靈駕
제 불 자 각 열 위 열 명 영 가

불자들이시여, 각 자리에 나열하신 성함의 영가시여,

受位安座眞言
수 위 안 좌 진 언

옴 마니 군다니 흠흠 사바하 [삼설]

茶偈
다 게

百草林中一味新 趙州常勸幾千人
백 초 임 중 일 미 신　조 주 상 권 기 천 인

烹將石鼎江心水 願使亡靈歇苦輪
팽 장 석 정 강 심 수　원 사 망 령 헐 고 륜

願使孤魂歇苦輪 願使諸靈歇苦輪
원 사 고 혼 헐 고 륜　원 사 제 령 헐 고 륜

온갖 풀 중 오로지 한 신선한 차 맛
조주스님 사람들께 권하셨듯이
돌솥에다 강심수를 다려 드리니
망령이여 드시고 고통을 끝내소서.

고혼이여 드시고 고통을 끝내소서.
제령이여 드시고 고통을 끝내소서.

宣密加持 身田潤澤 業火淸凉 各求解脫
선 밀 가 지 신 전 윤 택 업 화 청 량 각 구 해 탈

진언으로 가지를 베푸니 몸과 마음이 윤택해지고
업의 불길 청량해지고 각각 해탈을 구하소서.

변식진언 등의 진언으로 유한한 재자의 공양을 한량없는 아귀들
에게 권공하기 위해 공양물을 변화시키는 진언을 염송한다.

變食眞言
변 식 진 언

나막 살바다타 아다 바로기제 옴 삼바라 삼바라 훔 [삼설]

施甘露水眞言
시 감 로 수 진 언

나무 소로바야 다타아다야 다냐타 옴 소로소로 바라소로

바라소로 사바하 [삼설]

一字水輪觀眞言
일 자 수 륜 관 진 언

옴 밤 밤 밤밤 [삼설]

乳海眞言
유 해 진 언

나무 사만다 못다남 옴 밤 [삼설]

稱揚聖號
칭 양 성 호

南無 多寶如來 願諸孤魂 破除慳貪 法財具足
나 무 다 보 여 래 원 제 고 혼 파 제 간 람 법 재 구 족

다보여래를 칭명해서 들은 모든 고혼들은 간탄심을 버리고 법재를 구족
하소서.

南無 寶勝如來 願諸孤魂 各捨惡道 隨意超昇
나 무 보 승 여 래 원 제 고 혼 각 사 악 도 수 의 초 승

보승여래 칭명해 들은 고혼들은 악도를 버리고 뜻대로 수승한 세계에 오
르소서.

南無 妙色身如來 願諸孤魂 離醜陋形 相好圓滿
나 무 묘 색 신 여 래 원 제 고 혼 이 추 루 형 상 호 원 만

묘색신여래 칭명해 들은 고혼들은 못생긴 모습 버리고 상호가 원만해지
소서.

南無 廣博身如來 願諸孤魂 捨六凡身 悟虛空身
나 무 광 박 신 여 래 원 제 고 혼 사 육 범 신 오 허 공 신

광박신여래 칭명해 들은 고혼들은 육도의 범부신 버리고 허공신을 깨치
소서.

南無 離怖畏如來 願諸孤魂 離諸怖畏 得涅槃樂
나무 이포외여래 원제고혼 이제포외 득열반락

이포외여래 칭명해 들은 고혼들은 두려움에서 벗어나 열반락 얻으소서.

南無 甘露王如來 願諸孤魂 咽喉開通 獲甘露味
나무 감로왕여래 원제고혼 인후개통 획감로미

감로왕여래 칭명해 들은 고혼들은 목구멍이 열려 감로미를 얻으소서.

南無 阿彌陀如來 願諸孤魂 隨念超生 極樂世界
나무 아미타여래 원제고혼 수념초생 극락세계

아미타여래 칭명해 들은 고혼들은 염원대로 극락세계에 태어나소서.

願此加持食 普遍滿十方
원 차 가 지 식 보 변 만 시 방
食者除飢渴 得生安養國
식 자 제 기 갈 득 생 안 양 국

이 가지 공양이 시방세계 두루 하여
드신 이는 기갈 덜고 왕생극락하소서.

施鬼食眞言
시 귀 식 진 언
옴 미기미기 야야미기 사바하 [삼설]

施無遮法食眞言
시 무 차 법 식 진 언
옴 목역능 사바하 [삼설]

普供養眞言
보 공 양 진 언
옴 아아나 삼바바 바아라 훔 [삼설]

普廻向眞言
보 회 향 진 언
옴 삼마라 삼마라 미만나 사라마하 자가라바 훔 [삼설]

受我此法食 何異阿難饌
수 아 차 법 식   하 이 아 난 찬
飢腸咸飽滿 業火頓淸凉
기 장 함 포 만   업 화 돈 청 량
頓捨貪瞋癡 常歸佛法僧
돈 사 탐 진 치   상 귀 불 법 승
念念菩提心 處處安樂國
염 념 보 리 심   처 처 안 락 국

받으신 법식은 아난 찬과 다르잖아
주린 배는 배부르고 업의 불길 꺼지리다.
탐진치를 떨쳐내고 불법승에 의지하여
보리심을 잊잖으면 모든 곳이 극락이리.

凡所有相 皆是虛妄 若見諸相 非相 卽見如來
범 소 유 상 개 시 허 망 약 견 제 상 비 상 즉 견 여 래

제상 비상 상이란 모두 헛된 것 제상 비상 바로 보면 여래 보리라.

如來十號[99]
여 래 십 호

如來 應供 正遍知 明行足 善逝 世間解 無上士
여 래 응 공 정 변 지 명 행 족 선 서 세 간 해 무 상 사

調御丈夫 天人師 佛 世尊
조 어 장 부 천 인 사 불 세 존

그렇게 온 이 여래는 '공양 받을 이, 바르게 두루 아는 이, 지혜와 행이
갖춰진 이, 잘 건너간 이, 세간을 가장 잘 아는 이, 스승 없는 이, 장부를
잘 다루는 이, 하늘과 사람의 스승, 깨달은 이, 세간에서 가장 존귀한 이'
시네.

諸法從本來 常自寂滅相
제 법 종 본 래 상 자 적 멸 상

佛子行道已 來世得作佛
불 자 행 도 이 내 세 득 작 불

일체 법은 본래부터 항상 적멸하니
불자가 이 도리를 행하면 내세는 붓다를 이루리

---

99) 『작법귀감』 등에 의하면 여래십호의 불명이 위의 금강경 게송보다 먼저 나오는데 그것
이 적합하다고 볼 수 있다. 붓다의 명호를 앞에서 드러내고 그분의 말씀을 들려주는
방식이기 때문이다.

諸行無常 是生滅法 生滅滅已 寂滅爲樂
제 행 무 상 시 생 멸 법 생 멸 멸 이 적 멸 위 락

일체 행은 무상한 생멸법이라
나고 사라짐[生滅]을 끝내야만 적멸의 열반이리라.

　칭양성호를 통해 혼령들의 두려움을 없애주고 몸과 마음을 정화
하여 무외시를 하였고, 변식한 공양물을 시식하여 재보시를 하였고,
진리를 들려주어 법공양을 마쳤으니 이제 아미타불을 청하여 극락
으로 혼령들을 인도해주기를 청하는 의식을 진행한다. 이 의식은 그
동안 장엄염불, 정토업 등으로 불렀으나 자기 집『천지명양수륙의
문』의 의하면 청인로편이라고 할 수 있다.

願我盡生無別念 阿彌陀佛獨相隨
원 아 진 생 무 별 념 아 미 타 불 독 상 수
心心常繫玉毫光 念念不離金色相
심 심 상 계 옥 호 광 염 념 불 리 금 색 상

이 한목숨 다하도록 다른 생각 아니 하고,
오직 한 분 아미타 붓다를 따르오며
마음속에 옥호광명 더욱 깊이 연모하고,
언제나 금빛 붓다 떠나지 않으리다.

我執念珠法界觀 虛空爲繩無不貫
아 집 염 주 법 계 관 허 공 위 승 무 불 관
平等舍那無何處 觀求西方阿彌陀
평 등 사 나 무 하 처 관 구 서 방 아 미 타

마음 모아 염주 들고 법계를 관하오니,
허공으로 끈 삼으니 꿰지 못함 없나이다.
평등하신 노사나불 안 계신 곳 없사오니,
서방세계 아미타불 그리오며 구합니다.

南無西方大敎主 無量壽如來佛 南無阿彌陀佛
나 무 서 방 대 교 주 무 량 수 여 래 불 나 무 아 미 타 불

서방대교주 무량수여래불께 귀명합니다. 나무아미타불

阿彌陀佛在何方 南無阿彌陀佛
아 미 타 불 재 하 방 나 무 아 미 타 불
着得心頭切莫忘 南無阿彌陀佛
착 득 심 두 절 막 망 나 무 아 미 타 불
念到念窮無念處 南無阿彌陀佛
염 도 염 궁 무 념 처 나 무 아 미 타 불
六門常放紫金光 南無阿彌陀佛
육 문 상 방 자 금 광 나 무 아 미 타 불

아미타 붓다님 어느 곳에 계신가를
마음속에 꼭 붙들어 잊지 말고 생각하되
생각하되 생각이 다해져서 무념처에 이르면
육근에서 자금광을 발하리라.

極樂世界十種莊嚴 南無阿彌陀佛
극 락 세 계 십 종 장 엄 나 무 아 미 타 불
法藏誓願修因莊嚴 南無阿彌陀佛
법 장 서 원 수 인 장 엄 나 무 아 미 타 불
四十八願願力莊嚴 南無阿彌陀佛
사 십 팔 원 원 력 장 엄 나 무 아 미 타 불

법장비구 서원 세워 인업 닦아 장엄되고
마흔여덟 원력 세워 그 힘으로 장엄되고

彌陀名號壽光莊嚴 南無阿彌陀佛
미 타 명 호 수 광 장 엄　나 무 아 미 타 불
三大士觀寶像莊嚴 南無阿彌陀佛
삼 대 사 관 보 상 장 엄　나 무 아 미 타 불

아미타불 명호같이 수명 지혜 장엄되고
미타삼존 거룩하신 모습으로 장엄되고

彌陀國土安樂莊嚴 南無阿彌陀佛
미 타 국 토 안 락 장 엄　나 무 아 미 타 불
寶河淸淨德水莊嚴 南無阿彌陀佛
보 하 청 정 덕 수 장 엄　나 무 아 미 타 불

아미타불 극락국토 안락으로 장엄되고
보배강은 청정하여 공덕수로 장엄되고

寶殿如意樓閣莊嚴 南無阿彌陀佛
보 전 여 의 누 각 장 엄　나 무 아 미 타 불
晝夜長遠時分莊嚴 南無阿彌陀佛
주 야 장 원 시 분 장 엄　나 무 아 미 타 불

보배전각 뜻과 같이 누각으로 장엄되고
주야 육시 공양수행 알맞도록 장엄되고

二十四樂淨土莊嚴 南無阿彌陀佛
이 십 사 락 정 토 장 엄 나 무 아 미 타 불
三十種益功德莊嚴 南無阿彌陀佛
삼 십 종 익 공 덕 장 엄 나 무 아 미 타 불

스물네종 쾌락으로 청정국토 장엄되고
서른 가지 이로운 일 공덕으로 장엄됐네.

青山疊疊彌陀窟 南無阿彌陀佛
청 산 첩 첩 미 타 굴 나 무 아 미 타 불
滄海茫茫寂滅宮 南無阿彌陀佛
창 해 망 망 적 멸 궁 나 무 아 미 타 불
物物拈來無罣碍 南無阿彌陀佛
물 물 염 래 무 가 애 나 무 아 미 타 불
幾看松頂鶴頭紅 南無阿彌陀佛
기 간 송 정 학 두 홍 나 무 아 미 타 불

겹겹 이은 푸른 산은 아미타불 도량이요
망망한 푸른 바다 열반 세계 궁궐이라
두두 물물 어디에도 걸림이 없게 되면
소나무 꼭대기의 붉은 학을 보게 되리.

山堂靜夜坐無言 南無阿彌陀佛
산 당 정 야 좌 무 언 나 무 아 미 타 불
寂寂寥寥本自然 南無阿彌陀佛
적 적 요 요 본 자 연 나 무 아 미 타 불
何事西風動林野 南無阿彌陀佛
하 사 서 풍 동 림 야 나 무 아 미 타 불
一聲寒雁唳長天 南無阿彌陀佛
일 성 한 안 려 장 천 나 무 아 미 타 불

조용한 산사에 말없이 앉으니
고요하고 평온하여 본래 자연 그 자리라.
서풍은 숲을 흔드니 무슨 일일까.
찬 기러기 울음소리 장천을 울리누나.

四大各離如夢中 南無阿彌陀佛
사 대 각 리 여 몽 중 　나 무 아 미 타 불
六塵心識本來空 南無阿彌陀佛
육 진 심 식 본 래 공 　나 무 아 미 타 불
欲識佛祖回光處 南無阿彌陀佛
욕 식 불 조 회 광 처 　나 무 아 미 타 불
日落西山月出東 南無阿彌陀佛
일 락 서 산 월 출 동 　나 무 아 미 타 불

지수화풍 사대가 떠나니 꿈만 같고
육진과 마음자리 본래 공하다네.
붓다와 조사의 가신 곳을 아시려면
서산에 해가 지니 동산에 달이 뜨네.

十念往生願 南無阿彌陀佛
십 념 왕 생 원 　나 무 아 미 타 불
往生極樂願 南無阿彌陀佛
왕 생 극 락 원 　나 무 아 미 타 불
上品上生願 南無阿彌陀佛
상 품 상 생 원 　나 무 아 미 타 불
廣度衆生願 南無阿彌陀佛
광 도 중 생 원 　나 무 아 미 타 불

願共法界諸衆生 南無阿彌陀佛
원 공 법 계 제 중 생 　나 무 아 미 타 불

同入彌陀大願海 南無阿彌陀佛
동입미타대원해 나무아미타불

盡未來際度衆生 南無阿彌陀佛
진미래제도중생 나무아미타불

自他一時成佛道 南無阿彌陀佛
자타일시성불도 나무아미타불

법계 모든 중생들이 같이 아미타불 대원해에 들어가서
미래가 다하도록 중생을 제도하고 우리 함께 불도를 이뤄지이다.

南無 西方淨土 極樂世界 三十六萬億 一十一萬
나무 서방정토 극락세계 삼십육만억 일십일만

九千五百 同名同號 大慈大悲 阿彌陀佛
구천오백 동명동호 대자대비 아미타불

서방정토 극락세계 삼십육만억 일십일만 구천오백 동명동호 대자대비
아미타붓다께 예경합니다.

南無 西方淨土 極樂世界 佛身長廣 相好無邊
나무 서방정토 극락세계 불신장광 상호무변

金色光明 遍照法界 四十八願 度脫衆生 不可說
금색광명 변조법계 사십팔원 도탈중생 불가설

不可說轉 不可說 恒河沙 佛刹微塵數 稻麻竹葦
불가설전 불가설 항하사 불찰미진수 도마죽위

無限極數 三百六十萬億 一十一萬 九千五百
무한극수 삼백육십만억 일십일만 구천오백

同名同號 大慈大悲 我等導師 金色如來 阿彌陀佛
동명동호 대자대비 아등도사 금색여래 아미타불

서방정토 극락세계에 계시오며, 우주에 가득하신 불신, 끝없이 훌륭하
신 용모, 변함없는 진리의 광명을 법계에 두루 비추사 48원으로, 불가설

불가설로 말할 수 없음을 거듭해도 가히 말할 수 없는 항하강, 그 강들의 모래 수 같은 불국토의 작은 티끌 수 같이 많아 벼삼대갈대 숫자처럼 헤아릴 수 없는 중생을 제도하시는, 삼백육십만억 일십일만 구천오백 분으로 같은 명호를 지닌 대자대비하신 저희들의 위대한 스승, 금빛 찬란한 여래이신 아미타붓다께 예경합니다.

南無文殊菩薩 南無普賢菩薩
나무문수보살 나무보현보살
南無觀世音菩薩 南無大勢至菩薩
나무관세음보살 나무대세지보살
南無金剛藏菩薩 南無除障碍菩薩
나무금강장보살 나무제장애보살
南無地藏菩薩 南無彌勒菩薩
나무지장보살 나무미륵보살
南無一切淸淨大海衆菩薩摩訶薩
나무일체청정대해중보살마하살

願共法界諸衆生 同入彌陀大願海
원공법계제중생 동입미타대원해

법계의 중생들이 아미타불 큰 원력 바다 들어가지이다.

十方三世佛 阿彌陀第一
시방삼세불 아미타제일
九品度衆生 威德無窮極
구품도중생 위덕무궁극

시방세계 붓다 중에 아미타불 제일이라,
구품으로 중생 건져 위덕이 한량없네.

我今大歸依 懺悔三業罪
아 금 대 귀 의 참 회 삼 업 죄
凡有諸福善 至心用廻向
범 유 제 복 선 지 심 용 회 향

제가 지금 귀의하여 삼업 죄를 참회하고,
모든 복과 선업을 지심으로 회향하니

願同念佛人 盡生極樂國
원 동 염 불 인 진 생 극 락 국
見佛了生死 如佛度一切
견 불 요 생 사 여 불 도 일 체

함께 염불하는 이들이 정진하여 함께 극락세계 태어나서,
붓다님 뵙고 생사 건너 일체 중생 건지기를 발원합니다.

願我臨欲命終時 盡除一切諸障碍
원 아 임 욕 명 종 시 진 제 일 체 제 장 애
面見彼佛阿彌陀 卽得往生安樂刹
면 견 피 불 아 미 타 즉 득 왕 생 안 락 찰

제가 목숨 다할 때에 모든 장애 제거되어
아미타불 뵙고서 왕생극락하여지이다.

願以此功德 普及於一切 我等與衆生
원 이 차 공 덕 보 급 어 일 체 아 등 여 중 생
當生極樂國 同見無量壽 皆供成佛道
당 생 극 락 국 동 견 무 량 수 개 공 성 불 도

이 공덕이 모든 곳에 두루 퍼져 우리 모두 왕생극락 이루어져
서방교주 아미타불 친히 뵙고 다 함께 불도를 이루어지이다.

奉送偈
봉송게

奉送孤魂洎有情 地獄餓鬼及傍生
봉송고혼계유정 지옥아귀급방생
我於他日建道場 不違本誓還來赴
아어타일건도량 불위본서환래부

영가와 고혼, 유정, 지옥, 아귀, 축생계의 혼령들을 보내드리오니,
내가 다시 다른 날에 추선 도량 세우오면
본래 서원 잊지 말고 다시 돌아오십시오.

이렇게 봉송게만으로 봉송을 하여 관음시식을 마친다. 관음시식
은 앞에서도 언급했지만 상시식으로 수용되었다. 관음시식이 관음
시식인 것은 시식의 핵심인 변식진언이 관음보살이 전세에 석가모
니불에게 일러주신 다라니이기 때문이다. 시식의 면연대사 또한 관
음보살의 화신이다. 그래서 관음시식이라고 불린다. 관음시식이 등
장하여 기존의 시식은 전시식으로 불리게 되었다.

奠施食
전 시 식

　전시식(奠施食)은 예수재에 청한 혼령 가운데 당일 재자의 조상 혼령들을 제외한 법계고혼과 무주고혼들에게 전(奠, 제수)를 차려놓고 제사를 올리는 의식이라고 할 수 있다. 전시식단에는 혼령을 상징하는 사람의 혼령을 상징하는 전(錢)을 오려 제상 앞의 병풍에 붙이거나 걸어놓고 진행한다. 국내 의례 자료에 의하면 전시식은 17세기까지는 일반 시식의문이었다. 재자의 당해 혼령인 대령들을 위한 제사의식인 관음시식이 독립되면서, 일반 시식의문은 전시식으로 변화되었다. 전시식은 수륙재의 하단시식 의식과 유사하다.

　의례 진행의 특징은, 관음시식은 법당 안에서 진행되는 데 비해 재 도량의 법주이자 어장격의 스님이 마당이나 재장의 끝, 혹은 밖에서 혼자 또는 2인이 진행한다. 또 전시식은 법계의 고혼이 주 대상이라 소청한 혼령들에게 삼보의 가피를 구해주고 삼보에 귀의하게 하며, 진언으로 혼령의 업장을 정화하는 의식을 하고, 진리의 음식[법공양]을 받은 다음에 삿된 스승을 멀리하고 바른 스승인 삼보에 귀의하며 참회하고 사홍서원을 발원하는 의식들이 빠르게 진행된다. 이 시식을 下시식이라고도 한다.

擧佛
거불

南無 阿彌陀佛
나무 아미타불

南無 觀世音菩薩
나무 관세음보살

南無 大勢至菩薩 [삼설]
나무 대세지보살

거불을 마친 다음에 다음 게송을 염송하는데 그 의미상으로 볼 때 늘 이
곳에 거처하며 이곳이 깨달음의 자리라고 설하여 내방자들을 깨침의 길
로 인도하는 것을 제일 먼저 게송으로 설한다.

佛身充滿於法界 普現一切衆生前
불신충만어법계 보현일체중생전

隨緣赴感靡不周 而恒處此菩提座
수연부감미부주 이항처차보리좌

붓다 몸은 법계에 충만하여 일체중생 전에 나타내시네.
인연 따라 감응하여 늘 이곳에 처하니 보리좌로다.

是日今時 沙門大衆等 運慈悲心 行平等行 以本
시일금시 사문대중등 운자비심 행평등행 이본

願力 大方廣佛華嚴經力 諸佛加被之力 以此清
원력 대방광불화엄경력 제불가피지력 이차청

淨法食 普施一切法界 面燃鬼王 所統領者 三十
정법식 보시일체법계 면연귀왕 소통령자 삼십

六部 無量無邊 恒河沙數 諸餓鬼衆 洎 訶利帝
육부 무량무변 항하사수 제아귀중 계 하리제

母 一切眷屬 婆羅門仙衆 併 此方他界 刀兵殞
모 일체권속 바라문선중 병 차방타계 도병운

命 水火焚漂 疾疫流離 飢寒凍餒 繩木自盡 刑憲
명 수화분표 질역유리 기한동뇌 승목자진 형헌

而終 産難而死 一切滯魄孤魂 依草附木 一切鬼神
이종 산난이사 일체체백고혼 의초부목 일체귀신

地府酆都 大小鐵圍山 五無間獄 八寒八熱
지부풍도 대소철위산 오무간옥 팔한팔열

輕重諸地獄 嶽司城隍等處 一切受苦衆生
경중제지옥 악사성황등처 일체수고중생

六途傍來 一切中陰衆生 咸赴我請 無一遺者
육도방래 일체중음중생 함부아청 무일유자

願汝一一 各得摩竭陀國 所用之斛 七七斛食
원여일일 각득마갈다국 소용지곡 칠칠곡식

除諸飢渴 第恐凡聖難通 當求三寶加被
제제기갈 제공범성난통 당구삼보가피

오늘 이 시간 사문 대중들은 자비심과 평등심을 내고, 본원력, 대방광불 화엄경의 힘과 여러 붓다 가피력으로 이 청정한 법식을 널리 일체 법계의 면연귀왕이 다스리는 36부의 무량 무변의 항하사수 제 아귀중과 하리제모의 일체권속 바라문선중과 아울러 타방세계의 칼로 운명한 이, 물에 빠진 이들, 질병으로 떠돌다 추위와 굶주림으로 죽은 이들, 나무에서 목을 매 떠난 이들, 형벌로 명을 다한 이들, 출산하다 떠난 이들, 일체 혼백으로 묶인 고혼, 초목에 의지한 일체 귀신, 지부 풍도의 대소 철위산의 오무간지옥과 팔한팔열의 경중의 여러 지옥에 있는 이들, 산악 성황 등처에서 일체 고통 받는 중생들, 육도의 곁을 헤매는 일체 중음 중생들 모두 나의 청에 한 사람도 빠짐없이 이르시어 그대들 모두 각각 마가다국의 섬의 칠칠 섬의 곡을 얻어 기갈을 모두 면하소서. 다음은 범인과 성인이 통하는 것이 어려운 것이 두려우니 마땅히 삼보의 가피를 구하소서.

千手一片爲孤魂 至心諦聽 至心諦受
천 수 일 편 위 고 혼 지 심 제 청 지 심 제 수

고혼을 위해 천수 일편 염송하니
지극한 마음으로 들으시고 받으소서

神妙章句大陀羅尼 [云云]
신 묘 장 구 대 다 라 니　　응운

　普召請眞言
　보 소 청 진 언
나무 보보제리 가리다리 다타 아다야 [삼설]

　전시식은 관음시식이 분화되면서 원 시식의문을 전시식이라고 지
칭하게 되었다고 했다. 원 시식의문이나 『증수선교시식의문』 등에
의하면 다음의 칭명 거불은 가피를 구하는 것이라고 하였다. 고혼들
이 가피를 입어야 불법을 들을 수도 있고 법식을 받을 수도 있기 때
문이다.

南無 常住十方佛
나 무 상 주 시 방 불
南無 常住十方法
나 무 상 주 시 방 법
南無 常住十方僧
나 무 상 주 시 방 승
南無 本師釋迦牟尼佛
나 무 본 사 석 가 모 니 불

南無 大慈大悲觀世音菩薩
나무 대자대비관세음보살

南無 冥陽救苦地藏王菩薩
나무 명양구고지장왕보살

南無 起教阿難陀尊者
나무 기교아난타존자

가피를 구하는 순서는 거불의 의미와 삼보의 차이를 잘 보여준다. 처음에는 시방상주삼보를 칭명하고 사바교수 석가모니불을 칭한 다음 시식의식이 등장하는 기여한 관음보살과 지장보살, 그리교 시식의식의 가르침이 일어나게 하는 데 기여한 아난존자를 칭명하여 가피를 구하고 있다. 이렇게 삼보를 칭명해서 가피를 구했다는 것을 다음의 구문이 설명해주고 있다.

諸佛子 已承三寶 加被之力 悉赴我請 當生希有心
제불자 이승삼보 가피지력 실부아청 당생희유심

捨離顚倒想 歸依三寶 懺除罪障 咽喉開通 運心
사리전도상 귀의삼보 참제죄장 인후개통 운심

平等 受我所施 無遮無碍 淸淨法食 除諸飢渴
평등 수아소시 무차무애 청정법식 제제기갈

불자들이시여, 이미 삼보의 가피의 힘을 입어 모두 저희의 청함은 받아 법연에 이르셨으니 다음은 마땅히 이것은 희유하다는 마음을 내시고 잘못된 생각들은 버리시고 삼보에 귀의하시고 죄와 업장을 참회해서 목구멍이 열리게 하고, 마음을 평등하게 하여 저희가 베푸는 오는 것을 막지 않고 걸림도 없는 청정한 법식을 받으시고 모든 기갈을 없애소서.

삼보의 가피를 구해주었으니 이제 삼보에 귀의하게 하는 것이다.

삼보에 귀의를 해야 다음 의식을 진행할 수 있다. 관음시식에는 삼보귀의가 없는 것은 관음시식이 유가의 제사에 상대해 성립된 영반과 그 의미가 같은 맥락을 가지고 있기 때문이라고 할 수 있다. 법사가 먼저 귀의불 귀의법 귀의승 하면 대중은 고혼들을 대신해서 귀의불 양족존 등을 염송한다. 그러고 나면 법사가 다시 귀의불경 등을 확인하는 방식으로 진행된다.

歸依佛 歸依法 歸依僧
귀 의 불 귀 의 법 귀 의 승

붓다님께 귀의하소서. 가르침에 귀의하소서. 승가에 귀의하소서.

歸依佛 兩足尊 歸依法 離欲尊 歸依僧 衆中尊
귀 의 불 양 족 존 귀 의 법 이 욕 존 귀 의 승 중 중 존

지혜 복덕 구족하신 붓다님께 귀의합니다
욕망을 떠나게 하는 가르침에 귀의합니다.
대중 속에 존귀한 승가에 귀의합니다.

歸依佛竟 歸依法竟 歸依僧竟
귀 의 불 경 귀 의 법 경 귀 의 승 경

붓다님께 귀의하였습니다. 가르침에 귀의하였습니다.
승가에 귀의하였습니다.

귀의를 하였으니 이제 업장을 소멸해주어야 한다. 업장 소멸을 위해 지장보살과 관음보살의 다라니에 의지한다.

地藏菩薩 滅定業眞言
지장보살 멸정업진언
옴 바라 마니다니 사바하 [삼설]

觀世音菩薩 滅業障眞言
관세음보살 멸업장진언
옴 아로륵계 사바하 [삼설]

업장을 소멸하였으면 이제 고혼들의 물리적 상황을 호전해애 한다.

開咽喉眞言
개인후진언
옴 보보제리 가리다리 다타아다야 [삼설]

三昧耶戒眞言
삼매야계진언
옴 삼매야 살다밤 [삼설]

宣密加持
선밀가지
身田潤澤 業火淸凉 各具解脫
신전윤택 업화청량 각구해탈

진언으로 가지하여 몸과 마음 윤택해지고
업의 불길은 청량해졌으니 각자 해탈을 갖추게 되었습니다.

진언으로 가지를 하였으니 이제 몸과 마음이 윤택해지고 업의 불
길이 사라져 청량해졌으니 이제 각자 해탈을 갖추라고 당부한다. 다

음은 오늘 시식 도량의 핵심을 음식을 흠향하도록 하는 것이다. 여기서 등장하는 것이 변식진언인데, 이 변식진언은 아난존자가 삼경에 소수법을 닦을 때 아귀들이 나타나 그대는 3일 뒤에 죽게 되고 아귀로 태어난다고 일러준다. 이때 아난이 그 방법을 묻자 아귀들을 위해 삼보에 권공하고 자기들에게 음식을 베풀어주면 된다고 하였다. 그 많은 아귀들에게 어떻게 시식을 하고 삼보에 권공할지를 몰라 아난은 붓다에게 여쭙는다. 붓다께서는 전세에 관세음보살이 일러준 변식진언을 염송하여 음식을 땅에 흩으면 삼천구지 아귀들이 다 배불리 먹을 수 있다는 것을 알고 실천하게 된다. 그래서 아난존자를 기교대사라고 부른다. 그 변식진언과 사다라니를 염송하여 변공을 한다.

變食眞言
변 식 진 언
나막 살바다타 아다 바로기제 옴 삼바라 삼바라 훔 [삼설]

施甘露水眞言
시 감 로 수 진 언
나무 소로바야 다타아다야 다냐타
옴 소로소로 바라소로 바라소로 사바하 [삼설]

一字水輪觀眞言
일 자 수 륜 관 진 언
옴 밤 밤 밤밤 [삼설]

乳海眞言
유 해 진 언
나무 사만다 못다남 옴 밤 [삼설]

　이렇게 하여 아귀와 고혼들이 음식을 받을 수 있게 하였다. 위 사
다라니를 활용한 변공법식은 수륙재 중례문의 법식이다. 오늘날 대
부분의 의문에는 사다라니 변공법식을 택하고 있지만 결수문이나
지반문의 변공법식은 정법계진언 변식진언 출생공양진언이나 변식
진언 감로수진언으로 변공을 한다. 또 상단의 경우 진언을 삼칠편
염송하고 중단의 경우 이칠편을 염송하며 하단의 변공을 위해서는
일칠편을 염송하였으나 진언 염송은 삼편으로 통일되어 있다.

　다음은 칠여래에 칭명예경하여 그 여래의 명호를 듣게 하여 고혼
과 아귀들의 상태를 호전하게 한다. 이렇게 해야 음식을 받을 수 있
기 때문이다.

稱揚聖號 [禮七如來]
칭 양 성 호　　예 칠 여 래
南無 多寶如來 願諸孤魂 破除慳貪 法財具足
나 무　다 보 여 래　원 제 고 혼　파 제 간 탐　법 재 구 족

다보여래를 칭명해서 들은 모든 고혼들은 간탐심을 버리고 법재를 구족
하소서.

南無 寶勝如來 願諸孤魂 各捨惡道 隨意超昇
나 무 보 승 여 래 원 제 고 혼 각 사 악 도 수 의 초 승

보승여래를 칭명해서 들은 고혼들은 악도를 버리고 뜻대로 수승한 세계
에 오르소서.

南無 妙色身如來 願諸孤魂 離醜陋形 相好圓滿
나 무 묘 색 신 여 래 원 제 고 혼 이 추 루 형 상 호 원 만

묘색신여래를 칭명해서 들은 고혼들은 못생긴 모습 버리고 상호가 원만
해지소서.

南無 廣博身如來 願諸孤魂 捨六凡身 悟虛空身
나 무 광 박 신 여 래 원 제 고 혼 사 육 범 신 오 허 공 신

광박신여래를 칭명해서 들은 고혼들은 육도의 범부신 버리고 허공신을
깨치소서.

南無 離怖畏如來 願諸孤魂 離諸怖畏 得涅槃樂
나 무 이 포 외 여 래 원 제 고 혼 이 제 포 외 득 열 반 락

이포외여래를 칭명해서 들은 고혼들은 두려움들에서 벗어나 열반락을
얻으소서.

南無 甘露王如來 願諸孤魂 咽喉開通 獲甘露味
나 무 감 로 왕 여 래 원 제 고 혼 인 후 개 통 획 감 로 미

감로왕여래를 칭명해서 들은 고혼들은 목구멍이 열려서 감로미를 얻으
소서.

南無 阿彌陀如來 願諸孤魂 隨念超生 極樂世界
나무 아미타여래 원제고혼 수념초생 극락세계

아미타여래를 칭명해서 들은 고혼들은 염원대로 극락세계에 태어나소서.

음식을 변공하였고, 혼령들이 음식을 받을 수 있도록 하였으니 이
제 그 음식을 받고 해탈을 구하고 정토에 나라고 발원을 한다.

神呪加持淨飲食 普施河沙衆鬼神
신 주 가 지 정 음 식 보 시 하 사 중 귀 신

신비한 진언으로 가지한 청정한 법식을
널리 항하사 수의 귀신들에게 베푸오니

願皆飽滿捨慳貪 速脫幽冥生淨土
원 개 포 만 사 간 람 속 탈 유 명 생 정 토

모두 배 불리 드시고 간탐심 버리고
속히 유명계를 떠나 정토에 태어나소서.

歸依三寶發菩提 究竟得成無上道
귀 의 삼 보 발 보 리 구 경 득 성 무 상 도

삼보에 귀의하고 보리심을 내어
구경에는 무상도를 이루소서.

功德無邊盡未來 一切衆生同法食
공 덕 무 변 진 미 래 일 체 중 생 동 법 식

공덕이 한량없으니 미래세가 다하도록
일체중생과 함께 법식을 받으소서.

汝等鬼神衆 我今施汝供
여 등 귀 신 중 아 금 시 여 공
此食遍十方 一切鬼神供
차 식 변 시 방 일 체 귀 신 공

그대 귀신들이여, 내가 이재 그대들에게 공양을 베푸니
이 음식이 시방에 두루 퍼져서 일체 귀신들은 공양하소서.

願以此功德 普及於一切 我等與衆生
원 이 차 공 덕 보 급 어 일 체 아 등 여 중 생
當生極樂國 同見無量壽 皆供成佛道
당 생 극 락 국 동 견 무 량 수 개 공 성 불 도

이 공덕이 모든 곳에 두루 퍼져 우리 모두 왕생극락 이루어져
서방교주 아미타불 친히 뵙고 다 함께 불도를 이루어지이다.

施鬼食眞言
시 귀 식 진 언
옴 미기미기 야야미기 사바하 [삼설]

施無遮法食眞言
시 무 차 법 식 진 언
옴 목역능 사바하 [삼설]

普供養眞言
보 공 양 진 언
옴 아아나 삼바바 바아라 훔 [삼설]

음식을 들게 하는 게송과 진언을 염송한다. 이때 음식을 먹을 수 있도록 할 때 보공양진언을 보면 진언의 말구가 현재는 '훔'으로 나타나고 있으나 고본에는 '혹'이다. 근대의 『석문의범』에는 '훔'과 '혹'자가 번갈아 나타나며 혼란을 겪다가 '훔'자로 정리되고 있으나 '혹'자는 마가다 국의 곡식이라는 뜻도 있으며, 관상을 하는 종자로 알려져 있다. 이 역해서가 해설서이므로 그것을 정리하는 차원에서 제시하였다. 다음은 공양을 마친 이들에게 참회하게 하는 게송을 염송한다.

諸佛子 受法食已 飢渴旣除 今當再爲汝等
제 불 자 수 법 식 이 기 갈 기 제 금 당 재 위 여 등
懺悔無始已來 至於今日 將身口意 作諸惡業
참 회 무 시 이 래 지 어 금 일 장 신 구 의 작 제 악 업
各各 至誠 隨我音聲 發露懺悔
각 각 지 성 수 아 음 성 발 로 참 회

불자들이시여, 법식을 받으셨으니 기갈은 이미 없어졌을 것입니다.
이제 마땅히 다시 그들을 위하여 참회합니다.
시작 없는 그때 이래 오늘에 이르기까지 몸과 입과 생각으로 여러 악업을 지은 것을 각각 지극한 정성으로 나의 음성을 따라 잘못을 드러내어 참회하십시오.

我昔所造諸惡業 皆由無始貪瞋癡
아 석 소 조 제 악 업　개 유 무 시 탐 진 치
從身口意之所生 一切我今皆懺悔
종 신 구 의 지 소 생　일 체 아 금 개 참 회

예로 내가 지은 모든 악업은
다 시작 없는 그때부터 탐진치로 인해
몸과 입과 뜻에서 만들어진 것이오니
일체를 내가 지금 다 참회합니다.

諸佛子 懺悔罪業已
제 불 자 참 회 죄 업 이
불자들이여 죄업을 참회하였습니다.

　고혼과 혼령들이 참회를 하였다고 끝난 게 아니다. 다음은 발원을
해야 한다. 잘못을 빌었다고 끝나면 더 나은 삶을 살 수 없는 것과
같다.

今當至誠 發四弘誓願 然後 諦聽妙法
금 당 지 성　발 사 홍 서 원　연 후　제 청 묘 법

이제 마땅히 지극한 정성으로 사홍서원을 발원하십시오.
그런 다음에는 오묘한 법문을 들으십시오.

衆生無邊誓願度 煩惱無盡誓願斷
중 생 무 변 서 원 도　번 뇌 무 진 서 원 단
法門無量誓願學 佛道無上誓願成
법 문 무 량 서 원 학　불 도 무 상 서 원 성

중생이 가없으나 건지기를 서원합니다.
번뇌가 다함없으나 끊기를 서원합니다.
법문이 한량없으나 배우기를 서원합니다.
불도가 위없지만 이루기를 서원합니다.

自性衆生誓願度　自性煩惱誓願斷
자 성 중 생 서 원 도　자 성 번 뇌 서 원 단
自性法門誓願學　自性佛道誓願成
자 성 법 문 서 원 학　자 성 불 도 서 원 성

자성의 중생을 건지기를 서원합니다.
자성의 번뇌를 끊기를 서원합니다.
자성의 법문을 배우기를 서원합니다.
자성의 불도를 이루기를 서원합니다.

發菩提心眞言
발 보 리 심 진 언
옴 모지짓다 모다바나야 사바하 [삼설]

　참회도 하고 발원도 하였으니 이제 붓다의 오묘한 진리의 말씀을
들려주는 법보시가 시작된다. 불교의 궁극은 깨달음이기 때문이다.
법회, 법요라고 할 때의 법은 법식이라는 의미도 있으나 진리라는
의미이다. 진리가 설해지지 않는 법요는 무의미하기 때문이다. 법은
제법이라는 뜻인데 제법의 원리를 설해주는 것이다.

諸佛子 發 四弘誓願已 各宜洗心 諦聽妙法 我佛
제불자 발 사홍서원이 각의세심 제청묘법 아불

如來 憐愍汝等 自無始以來 至於今日 迷眞逐妄
여래 연민여등 자무시이래 지어금일 미진축망

隨業漂流 出沒四生 往來六道 受 無量苦 特爲
수업표류 출몰사생 왕래육도 수 무량고 특위

汝等 開 大解脫門 演說十二因緣法 各令於言下
여등 개 대해탈문 연설십이인연법 각령어언하

頓明自性 永絕輪廻 十二因緣法者 亦因亦因因
돈명자성 영절윤회 십이인연법자 역인역인인

亦果亦果果 迷之則 生死業海 悟之則 寂滅性空
역과역과과 미지즉 생사업해 오지즉 적멸성공

불자들이여, 사홍서원을 발원하였으니, 각 마음을 깨끗이 하고 오묘한 법문을 잘 들으십시오. 우리 붓다 여래께서는 그대들을 불쌍히 여기시어 무시 이래 오늘에 이르기까지 진리에 어리석고 망령된 것을 쫓아서 업에 따라 표류하며 태난습화 사생에 출몰하고 육도에 왕래하며 무량한 고통을 받고 있으니, 특별히 그대들을 위해 대 해탈문을 열고 십이인연법을 연설하였습니다. 그대들이 말씀을 듣고 한순간 자성을 몰록 밝혀 알아 영원히 윤회를 끊게 하려는 것입니다. 십이인연법이라는 것은, 또 원인이고 또 원인의 원인이며, 또 과보이고 또 과보의 과보입니다. 이것을 깨치지 못하면 업의 바다에서 나고 죽고하며, 이것을 깨치면 자성의 공에서 조용히 열반을 누립니다.

無明緣行 行緣識 識緣名色 名色緣六入
무명연행 행연식 식연명색 명색연육입

六入緣觸 觸緣受 受緣愛 愛緣取 取緣有 有緣生
육입연촉 촉연수 수연애 애연취 취연유 유연생

生緣老死 憂悲苦惱
생연노사 우비고뇌

'무명'으로 인연하여 '행'이 있고, '행'으로 인연하여 '식'이 있고, '식'으로 인연하여 '명색'이 있고, '명색'으로 인연하여 '육입'이 있고, '육입'으로 인연하여 '촉'이 있고, '촉'으로 인연하여 '수'가 있고, '수'로 인연하여 '애'가 있고 '애'로 인연하여 '취'가 있고, '취'로 인연하여 '유'가 있고, '유'로 인연하여 '생'이 있고, '생'으로 인연하여 '노사와 우비고뇌'가 있다.

無明滅則行滅 行滅則識滅 識滅則名色滅
무 명 멸 즉 행 멸　행 멸 즉 식 멸　식 멸 즉 명 색 멸
名色滅則六入滅 六入滅則觸滅 觸滅則受滅
명 색 멸 즉 육 입 멸　육 입 멸 즉 촉 멸　촉 멸 즉 수 멸
受滅則愛滅 愛滅則取滅 取滅則有滅 有滅則生滅
수 멸 즉 애 멸　애 멸 즉 취 멸　취 멸 즉 유 멸　유 멸 즉 생 멸
生滅則老死憂悲苦惱滅
생 멸 즉 노 사 우 비 고 뇌 멸

'무명'이 사라지니 '행'이 사라지고, '행'이 사라지니 '식'이 사라지고, '식'이 사라지니 '명색'이 사라지고, '명색'이 사라지니 '육입'이 사라지고, '육입'이 사라지니 '촉'이 사라지고, '촉'이 사라지니 '수'가 사라지고, '수'가 사라지니 '애'가 사라지고 '애'가 사라지니 '취'가 사라지고, '취'가 사라지니 '유'가 사라지고, '유'가 사라지니 '생'이 사라지고, '생'이 사라지니 '노사와 우비고뇌'가 사라진다.

凡所有相 皆是虛妄 若見諸相非相 卽見如來
범 소 유 상　개 시 허 망　약 견 제 상 비 상　즉 견 여 래

무릇 상이 있다고 하는 것은 모두 허망한 것이니 제상을 비상으로 바로 보면 여래를 보리라.

一切有爲法 如夢幻泡影
일 체 유 위 법   여 몽 환 포 영
如露亦如電 應作如是觀
여 로 역 여 전   응 작 여 시 관

일체 유위법은 꿈 같고 환 같고 거품 같고 그림자 같으며,
이슬 같고 번개 같은 것, 마땅히 이렇게 봐야 할지니.

若以色見我 以音聲求我
약 이 색 견 아   이 음 성 구 아
是人行邪道 不能見如來
시 인 행 사 도   불 능 견 여 래

겉모습으로 나를 보려 하거나 음성으로 나를 구하는 이는
삿된 도를 행하는 이니 여래를 볼 수 없으리.

一念普觀無量劫 無去無來亦無住
일 념 보 관 무 량 겁   무 거 무 래 역 무 주
如是了知三世事 超諸方便成十力
여 시 요 지 삼 세 사   초 제 방 편 성 십 력

일념 간에 무량한 겁을 관찰하며
가고 옴도 없고 머묾도 없으니
이같이 삼세의 일들을 알아차리면
여러 방편 뛰어넘어 여래 십력 성취하리라.

般若心經 [云云]
반 야 심 경 운 운

이상은 법시라고 할 수 있다. 시식은 음식을 베푼다는 뜻이지만

보시의 첫 번째 대상을 음식으로 명기하였을 뿐이다. 보시는 재시 · 무외시 · 법시가 있다는 것은 누구나 알 것이다. 이 시식의문에는 무외시가 먼저 나온다고 할 수 있다. 칭양성호는 일종의 무외시라고 할 수 있다. 다음 변식을 마친 음식을 권하는 재시가 있고, 마지막으로 진리를 설해주는 법시를 하고 있는 것이다. 이 법시의 순서나 형태를 보면 의미 있는 것을 발견하게 된다. 제일 먼저 12인연법을 일러준다. 12인연은 제법의 존재의 생성과 소멸을 인과론적으로 설명하는 방식이다. 일체 존재가 어떻게 등장하게 되었는지를 12인연의 순관과 역관으로 설명해준다.

다음에는 『금강경』의 게송으로 제법의 허망함을 말하면서 허망하고 존재하는 것들을 상이 있는 것과 없는 것을 떠나야 본질을 보게 된다는 것을 여래를 본다고 설명한다. 여래를 본다는 것은 여래의 가르침을 깨친다는 뜻이다. 다음은 『화엄경』의 게송으로 일념과 무량의 대비를 통해 시간상의 제법은 오고 감이 없다는 것을 설파한다. 이렇게 관하고 수행하면 여러 방편을 넘어 여래의 십력을 얻는다는 것이다. 이렇게 법시를 하고 난 다음에 반야심경이나 불설왕생정토주를 염송하는데, 두 경전이나 다라니의 의미는 간단하다. 이상세계, 정토로 왕생하자는 것이다. 가데(gate)가데(gate)이다. 이상세계 정토로 갔으면 유위법의 언설은 사라진다.

반야심경 운운한다.

佛說往生淨土眞言
불설왕생정토진언

나무 아미다바야 다타 아다야 다지야타 아미리 도바비

아미리다 싯담바비 아미리다 비가란제 아미리다

비가란다 가미니 가가나 깃다가례 사바하 [삼설]

상황에 따라 장엄염불을 더할 수도 있다.

敬神奉送
경 신 봉 송

    명부시왕 등에 공양 올리고, 함합소를 아뢰고, 시식 등을 마치면, 이제 초청했던 분들을 본래 계시던 곳으로 돌려보내는 봉송의식을 행한다. 봉송할 때는 청할 때와 반대로 하단의 존재부터 먼저 봉송하고 중단, 상단의 순으로 봉송한다. 이때 봉송하는 방식을 보면 이제 법연을 마치게 되었다고 아뢰고 보내드리며, 하단의 존재들은 상위의 성현들에게 인사를 하고 도량을 세 바퀴 돌며 떠나가게 된다. 이때 동참 대중은 각자 상중하의 번을 들고 소대(燒臺)로 향한다. 이때의 상황은 경건함보다는 환희하며 기쁨의 표시로 모시고 가는 번을 들거나 흔들기도 한다. 예수재를 참가해 업장을 녹이고 공덕을 얻은 희열의 표현이라고 할 수 있다. 봉송 때는 고사단에 모셔놓은 명부전(冥府錢)을 머리에 이고 옮기거나 대나무 대와 같은 장대에 모셔놓은 각단의 위목을 옮긴다. 위목과 명부전을 태워 저승으로 떠나보내는 의식인 봉송의식은 전 의식의 하이라이트라고 할 수 있다.

敬神奉送
경 신 봉 송

上 來 法 筵 告 罷 能 事 已 圓 欲 伸 發 遣 之 儀
상 래 법 연 고 파 능 사 이 원 욕 신 발 견 지 의

須 謝 降 臨 之 慶 伏 願 幡 花 分 道 俱 還 起 於 淨 筵
수 사 강 림 지 경 복 원 번 화 분 도 구 환 기 어 정 연

樓 閣 乘 空 竝 各 歸 於 眞 界 我 今 奉 送 聖 賢 有 偈
누 각 승 공 병 각 귀 어 진 계 아 금 봉 송 성 현 유 게

當以宣揚 請諸大衆 異口同音 隨我今說[100]
당 이 선 양 청 제 대 중 이 구 동 음 수 아 금 설

위에서 법회는 마쳤고 불사도 잘 마치어 원만합니다. 이제 보내는 의식을 거행하려고 하면서 강림해주신 경사에 감사드립니다.

번기와 꽃 사이로 길을 가르면서 모두 청정한 법연에서 일어나 돌아가소서. 누각이 하늘 높이 솟아 있는 각각의 진계(眞界)로 모두 돌아가소서.

이제 저에게 성현(聖賢) 받들어 봉송하는 게송이 있는데 읊겠습니다. 부디 대중은 입은 다르나 소리를 하나로 모아 저를 따라 읊으십시오.

奉送三身如來尊 住世度生莫還源
봉 송 삼 신 여 래 존 주 세 도 생 막 환 원

삼신여래세존을 받들어 보내옵니다만 세상에 머물며 중생을 건지시고, 떠나오신 곳으로 돌아가지 마소서.

奉送地藏六光尊 拔苦與樂度衆生
봉 송 지 장 육 광 존 발 고 여 락 도 중 생

고통을 없애고 즐거움 주고 중생을 건지시는 지장보살님과 육광보살님을 봉송하옵니다.

奉送道明無毒尊 助揚眞化利有情
봉 송 도 명 무 독 존 조 양 진 화 이 유 정

참된 교화 돕고 선양하여 유정을 이롭게 하시는 도명존자와 무독존자를 봉송하옵니다.

---

100) '상상단'은 법당에 모셔져 봉송하지 않는 것으로 보인다. 만일 봉송한다면 "奉送三身如來尊 住世度生莫還源"이 적합할 것 같다.

奉送應化六天曹 大權示迹濟衆生
봉송응화육천조 대권시적제중생

큰 방편 보이시어 중생을 제도하는 응화 육천조를 봉송하옵니다.

奉送梵釋四王衆 實報酬因利人間
봉송범석사왕중 실보수인리인간

실로 원인을 따라서 인간을 이롭게 해주는 범천왕 제석천왕 사천왕을 봉
송하옵니다.

奉送國王龍神衆 各離邪身得佛身
봉송국왕용신중 각리사신득불신

삿된 몸 버리고 불신을 얻는 국왕과 용, 신들을 봉송하옵니다.

奉送酆都大帝尊 廻向菩提無上果
봉송풍도대제존 회향보리무상과

보리도와 무상과에 회향하는 풍도대제존을 봉송하옵니다.

奉送十殿冥王衆 速證如來正法身
봉송십전명왕중 속증여래정법신

여래의 정법신을 속히 증득하는 십전의 명왕중을 봉송하옵니다.

奉送判官鬼王衆 各離業道證菩提
봉송판관귀왕중 각리업도증보리

각 업도를 떠나 보리를 증득하는 판관 귀왕중을 봉송하옵니다.

奉送將軍童子衆 悉除熱惱得淸凉
봉송장군동자중 실제열뇌득청량

열뇌를 없애 청량함을 얻는 장군 동자들을 봉송하옵니다.

奉送使者諸眷屬 悉發菩提得三昧
봉송사자제권속 실발보리득삼매

다 보리심 내어 삼매를 증득하는 사자의 권속들을 봉송하옵니다.

奉送庫官司君衆 遠離憂患常安樂
봉송고관사군중 원리우환상안락

우환을 멀리 떠나 항상 편안하고 즐거운 고관 사군들을 봉송하옵니다.

我於他日建道場 不違本誓還來赴
아어타일건도량 불위본서환래부

내가 다시 다른 날에 시식 도량 세우면
본래 서원 어김없이 다시 돌아오십시오.

대중은 법당을 향해 서고, 축원을 한다.

諸佛子 旣受香供 已聽法音 今當奉送
제 불 자 기 수 향 공 이 청 법 음 금 당 봉 송
更宜虔誠 奉謝三寶
갱 의 건 성 봉 사 삼 보

불자들이여, 이미 향공을 받았고 법음을 들었으니 이제 보내드려야 하니
마땅히 경건하고 정성으로 삼보님께 절을 하십시오.

普禮 十方常住佛
보 례 시 방 상 주 불
普禮 十方常住法
보 례 시 방 상 주 법
普禮 十方常住僧
보 례 시 방 상 주 승

삼보에 인사를 드리고 이제 발을 떼서 떠나라는 게송을 한다.

行步偈
행 보 게
移行千里滿虛空 歸途情忘到淨邦
이 행 천 리 만 허 공 귀 도 정 망 도 정 방
三業投誠三寶禮 聖凡同會法王宮
삼 업 투 성 삼 보 례 성 범 동 회 법 왕 궁

허공 속 천리를 옮겨 갈 때
돌아가는 길에 정을 놓으면 극락세계에 이르리니
삼업을 떨치고 정성 다해 삼보님께 절하옵고
성인 범부 함께 법왕궁전에 만날 것입니다.

散花落 [삼설]
산 화 락

南無 大聖引路王菩薩
나 무 대 성 인 로 왕 보 살

법성게를 염송하며 소대에 도착한다.

奉送廻向
봉 송 회 향

성현과 혼령들을 보내드리고 공덕을 회향하는 의식이다.

三壇都拜送
삼 단 도 배 송

上 來 法 筵 告 罷 佛 事 方 周 欲 伸 發 遣 之 儀
상 래 법 연 고 파 불 사 방 주 욕 신 발 견 지 의

須 謝 降 臨 之 慶[101] 伏 願 幡 花 分 道 俱 還 起 於 淨 筵
수 사 강 림 지 경 복 원 번 화 분 도 구 환 기 어 정 연

樓 閣 乘 空 並 却 歸 於 眞 界 我 今 奉 送 聖 人 有 偈
누 각 승 공 병 각 귀 어 진 계 아 금 봉 송 성 인 유 게

當 以 宣 揚 請 諸 大 衆 異 口 同 音 隨 我 今 說
당 이 선 양 청 제 대 중 이 구 동 음 수 아 금 설

위에서 법연이 파했음을 알렸고, 불사도 바야흐로 원만하게 마쳤습니다. 보내드리는 의식을 하고자 하면 강림해주신 경사에 감사해야 합니다. 번과 꽃은 길을 나누어 청정한 법연에서 일어나 함께 돌아가고, 누각은 허공 타고 함께 진계로 돌아물러가소서. 저도 이제 성인과 범부를 보내는 게송을 펼치리니, 대중들은 다른 입에 한 목소리로 저를 따라 이제 설하소서.

끝에 인도는 다음 게송을 창한다.

---

101) 이하에 "玆者 檀灰已燼 蜜炬將殘 霞開夜以漸昇 星疏空而半滅: 이에 전단향도 재로 다 탔고, 밀랍 횃불도 꺼지려 합니다. 노을은 밤을 열며 점점 올라오고, 별빛도 허공에 성글어 희미해졌습니다." 구절이 등장하는 본도 보인다.

我今持呪此色花 加持願成清淨故
아 금 지 주 차 색 화　가 지 원 성 청 정 고
一花供養我如來 受華却歸清淨土
일 화 공 양 아 여 래　수 화 각 귀 청 정 토

제가 이제 주문과 이 꽃을 들고 가지하여 청량해지기를 바라오며
꽃 한 송이 여래에게 공양 올리니, 꽃을 받고 청정한 땅으로 물러가소서.

大悲福田[102] 無緣主 散花普散十方去
대 비 복 전　무 연 주　산 화 보 산 시 방 거
一切賢聖盡歸空 散花普願歸來路
일 체 현 성 진 귀 공　산 화 보 원 귀 래 로

대비와 복전의 무연주시여, 꽃 뿌리니 시방으로 흩어가소서.
일체 성현 공계로 돌아가시니, 꽃 뿌리며 오던 길로 돌아가소서.

我以如來三密門 已作上妙利益竟
아 이 여 래 삼 밀 문　이 작 상 묘 이 익 경
唯願天仙星宿等 空地山河主執神
유 원 천 선 성 수 등　공 지 산 하 주 집 신
焰魔羅界諸王臣 亡靈孤魂洎有情
염 마 라 계 제 왕 신　망 령 고 혼 계 유 정
地獄餓鬼及傍生 咸願身心得自在
지 옥 아 귀 급 방 생　함 원 신 심 득 자 재

제가 이제 여래의 삼밀문으로 무상한 이익을 지었나이다.
천신과 선인과 성수들과 공신 지기 산하를 주재하는 신
염마라왕과 여러 왕과 신하, 망령과 고혼과 유정들과
지옥도와 아귀도와 방생들은 몸과 마음 자재함을 이루소서.

---

102) '智':『범음산보집』(의총 3-25상), '田':『석문의범』(하, p.89).

憑斯勝善獲清凉 摠希俱得不退轉
빙 사 승 선 획 청 량　총 희 구 득 불 퇴 전
我於他日建道場 不違本誓還來赴
아 어 타 일 건 도 량　불 위 본 서 환 래 부

이 법회에 의지하여 청량을 얻고 모두 불퇴전의 경지를 얻게 되어
제가 다시 다음 날에 시식 도량을 열면 본래 서원 잊지 말고 다시 오소서.

소대에 도착하면 다음 의식을 한다.

燒臺
소　대
今此 門外 奉送齋者 行孝子 (某人) 伏爲
금 차　문 외　봉 송 재 자　행 효 자　모 인　복 위
所薦亡 嚴父 · 慈母 (某人) 靈駕
소 천 망　엄 부　자 모　모 인　영 가

오늘 문밖에서 봉송하는 재자 모인이 엎드려 천령하는 망 엄부 자모 모
인 혼령이시여,

上來 施食諷經 念佛功德 離妄緣耶 不離妄
상 래　시 식 풍 경　염 불 공 덕　이 망 연 야　불 리 망
緣耶 離妄緣則 極樂佛刹 任性逍遙 不離妄緣則
연 야　이 망 연 즉　극 락 불 찰　임 성 소 요　불 리 망 연 즉
且聽山僧 末後一偈
차 청 산 승　말 후 일 게

지금까지 시식하고 경전 염송하고 염불한 공덕으로 이제 망연을 여의었
습니까. 망연을 여의지 못했습니까. 망연을 여의셨다면 극락 붓다 나라
에서 마음대로 노니실 것이나, 망연을 여의지 못하셨다면 다시 산승의

마지막 한마디 들어보십시오.

四大各離如夢中 六塵心識本來空
사 대 각 리 여 몽 중　육 진 심 식 본 래 공
欲識佛祖回光處 日落西山月出東
욕 식 불 조 회 광 처　일 락 서 산 월 출 동

사대가 흩어지니 꿈속과 같고
육진경계 심식은 본래 공인데
붓다의 가르침을 아시렵니까.
서산에 해가 지자 동녘에 들이 뜨네.

[念]十方三世 一切諸佛 諸尊菩薩摩訶薩
염　시 방 삼 세　일 체 제 불　제 존 보 살 마 하 살
摩訶般若波羅蜜
마 하 반 야 바 라 밀

　일반적으로 의문에 있는 '염'자는 법사스님이 대중들에게 '시방삼
세 일체제불~ 마하반야바라밀'을 염송하라는 지시어이므로 염자를
염송할 필요가 없다. 이것은 의식을 마치는 의문이라고 할 수 있다.
　다음은 원왕게송을 염송한다.

願往生 願往生
원 왕 생 원 왕 생

往生極樂見彌陀 獲蒙摩頂授記莂
왕 생 극 락 견 미 타 획 몽 마 정 수 기 별

왕생 왕생 바랍니다. 극락세계 왕생하여 아미타불 친견하고 마정수기 받아지이다.

願往生 願往生
원 왕 생 원 왕 생

願在彌陀會中坐 手執香花常供養
원 재 미 타 회 중 좌 수 집 향 화 상 공 양

왕생 왕생 바랍니다. 미타회상에 향과 꽃을 항상 공양하오리다.

願往生 願往生
원 왕 생 원 왕 생

往生華藏蓮花界 自他一時成佛道
왕 생 화 장 연 화 계 자 타 일 시 성 불 도

왕생 왕생 바랍니다. 화장세계 태어나서 나와 남이 모두 함께 불도 이루리다.

燒錢眞言
소 전 진 언

옴 비로기제 사바하 [삼설]

奉送眞言
봉 송 진 언
옴 바아라 사다 목차목 [삼설]

上品上生眞言
상 품 상 생 진 언
옴 마니다니 흄 흄 바닥 사바하 [삼설]

이상으로 제 혼령들을 보내는 의식을 마쳤다고 볼 수 있다. 이미
상품상생에 나기를 발원하였으니 말이다. 물론 '선보운정 복유진중'
구절이 있어서 다른 견해가 있을 수 있다. 다음부터는 남은 대중과
재자들에게 당부하는 법문이라고 할 수 있다. 세간에 머물 때는 허
공과 같은 마음으로 연꽃에 진흙탕에 피지만 그것에 물들지 않듯이
마음을 청정하게 해서 늘 저 세계에 가서 아미타붓다 무상존께 예경
할 수 있기를 당부하는 것이다. 그 다음의 삼귀의는 자삼귀의를 시
설하는 것이 바람직하다. 왜냐하면 초청한 귀신들은 이미 앞에서 삼
귀의를 하였다. 『결수문』은 한국불교 시식이나 관욕 등의 저본이라
고 할 수 있는데 그곳에는 여기에 해당하는 의문이 '이미 삼보에 귀
의하였으니'라고 하는 것으로 볼 때 알 수 있다.

處世間 如虛空 如蓮華 不着水
처 세 간 여 허 공 여 련 화 불 착 수
心淸淨 超於彼 稽首禮 無上尊
심 청 정 초 어 피 제 수 례 무 상 존

세간에 거처하나 걸림 없는 허공같이 연꽃에 물이 머물지 않듯이
마음이 청정해 저곳으로 넘어가 무상존께 머리 숙여 예배합니다.

歸依佛 歸依法 歸依僧
귀 의 불 귀 의 법 귀 의 승

붓다님께 귀의하소서. 가르침에 귀의하소서. 승가에 귀의하소서.

歸依佛兩足尊 歸依法離欲尊 歸依僧衆中尊
귀 의 불 양 족 존 귀 의 법 이 욕 존 귀 의 승 중 중 존

지혜 복덕 구족하신 붓다님께 귀의합니다.
욕망을 떠나게 하는 가르침에 귀의합니다.
대중 속에 존귀한 스님들께 귀의합니다.

歸依佛竟 歸依法竟 歸依僧竟
귀 의 불 경 귀 의 법 경 귀 의 승 경

붓다님께 귀의하였습니다. 가르침에 귀의하였습니다. 승가에 귀의하였습니다.

善步雲程 伏惟珍重
선 보 운 정 복 유 진 중

앞길을 잘 걸어가소서. 삼가 안녕히 가십시오.

普廻向眞言
보 회 향 진 언
옴 삼마라 삼마라 미만나 사라마하 자가라 바 훔[삼설]

火蕩風搖天地壞 寥寥長在白雲間
화 탕 풍 요 천 지 괴 요 요 장 재 백 운 간
一聲揮破金城壁 但向佛前七寶山
일 성 휘 파 금 성 벽 단 향 불 전 칠 보 산

불에 타고 바람에 흔들려 천지 무너지나,
고요하고 당당히 흰 구름 사이에 있네.
한 소리에 금성의 벽을 흔들어 부수고
오직 붓다 앞의 칠보산으로 향하도다.

南無 歡喜藏摩尼寶積佛
나 무 환 희 장 마 니 보 적 불
南無 圓滿藏菩薩摩訶薩
나 무 원 만 장 보 살 마 하 살
南無 廻向藏菩薩摩訶薩
나 무 회 향 장 보 살 마 하 살

   삼회향으로 사실상 의례를 모두 마쳤다고 할 수 있다. 다시 다음
의 회향하는 발원을 하는 것은 별도의 회향 의식을 하지 않았기 때
문이다. 회향은 불교의 자비 정신의 실현을 보여준다.

十方諸佛刹 莊嚴悉圓滿
시 방 제 불 찰 장 엄 실 원 만
願須歸淨土 哀念忍界人
원 수 귀 정 토 애 념 인 계 인

시방 모든 붓다 나라 장엄하여 다 원만하네.
모름지기 정토에 태어나고 사바세계 사람들을 불쌍히 여기소서.

普願衆生苦輪海 摠令除熱得淸凉
보 원 중 생 고 륜 해 총 령 제 열 득 청 량
皆發無上菩提心 同出愛河登彼岸
개 발 무 상 보 리 심 동 출 애 하 등 피 안

고해 중생들이 모두 열뇌를 없애고 청량함을 얻고
모두 무상 보리심을 발원하며 애욕의 강에서 나와 피안에 오르소서.

歸依三寶竟 所作諸功德
귀 의 삼 보 경 소 작 제 공 덕
施一切有情 皆共成佛道
시 일 체 유 정 개 공 성 불 도

귀의삼보하였고 지은 모든 공덕은
일체 유정에게 베푸니 모두 불도를 이루네.

다음 대중은 법당을 향해 서고 법주는 요령을 내려 창혼을 하고
보례삼보를 한다.[103] 이렇게 모든 의례를 마치게 된다. 다음은 금은
전을 소송하여 보내는 의식이다.

金銀錢燒送
금 은 전 소 송
十殿兀兀還本位 判官扈從歸各店
십 전 올 올 환 본 위 판 관 호 종 귀 각 점
童子徐徐次第行 使者常常行次到
동 자 서 서 차 제 행 사 자 상 상 행 차 도

---

103) 次 大衆向法堂 而法主 振鈴唱魂后 普禮三寶
차 대 중 향 법 당 이 법 주 진 령 창 혼 후 보 례 삼 보

우뚝 솟은 시왕전 본래 자리 돌아가시니
판관과 호종관도 본래 처소 돌아가고
동자들도 서서히 차례대로 가고
사자들도 언제나 차례대로 이르시네.

奉送冥府禮拜間 錢馬燒盡風吹歇
봉 송 명 부 예 배 간　전 마 소 진 풍 취 헐
消災降福壽如海 永脫客塵煩惱焰 [삼설]
소 재 강 복 수 여 해　영 탈 객 진 번 뇌 염

명부중을 예배하고 봉송하는 사이에
전마가 불살라져 바람에 날리고
재앙을 소멸하고 복이 내려 수명 길어져
영원히 객진 번뇌 불길 벗어나소서.

　이때 소송하는 금은전은 신마(神馬) 전마(錢馬) 허리에 싣고 옮겨가
는 모습인데 전마를 불태워 보내는 것이다. 실제 고사단의 금은전이
나 함합소 등을 재자들이 머리에 이고 소대로 옮겨와 소송한다. 사
실 이 의식은 환전이라고 할 수 있다. 옮겨가는 행렬은 장관이고 소
송하는 동안 재자들이나 스님들의 진지한 모습에서 재회가 원만하
게 회향하였다는 표정을 읽는 것은 어렵지 않다.

의례 집성의 한계

    의례 집성이 결코 간단한 일이 아니라는 것을 모르지 않았지만 예수재 의문을 정리하고 또 그것을 번역하고 해설서를 내놓는 일도 역시 그랬다. 예수재를 문화재로 지정받고 예수재 의문의 아름다움을 한문이 익숙하지 않은 이들에게 전하고 싶은 마음에 역해서를 내놓게 되었다.

    『예수재 의문』 편찬의 노정도 그랬다. 옛 의문을 뒤져보고 제방의 의궤들을 수집하고 또 소납이 그간 배운 것을 중심으로 엮어 보았다.

    편찬의 제일 방침은 현장성이라고 할 수 있다. 의문마다 순차가 다양하였는데 청련사에서 실행하는 것을 중심으로 하였다. 그렇지만 이에 대해서도 다른 의견도 많이 참고하였다.

    만일 더 나은 의견들이 있으면 수정 보완할 것이다. 또 이 의문을 역해하여 세상에 내놓게 되었다. 역해는 소납의 힘만으로는 부족하여 제방 학자들의 의견을 주로 따랐다.

    그러다 보면 아무래도 차이가 있을 수 있다. 그렇지만 가능하면 그것을 그대로 제시해서 독자들이 판단할 수 있도록 했다. 그렇지 못할 때는 다시 토론하여 진리를 탐구하는 방향으로 나가야 할 것이다.

   과거 전통 시대의 의례는 오전에 영산작법을 하고 오후에 시작해서 밤에 의례를 주로 하고 새벽에 회향하였으나 현대는 거의 모든 의례를 오전이나 낮에 하므로 일야(日夜)를 일(日)로 통일했다.

   역해는 가능하면 원문은 번역하고 의견이 분분한 곳에는 해설을 달았다. 해설은 역해자들의 합의도 있고 그렇지 않은 부분도 있다. 그렇지만 일일이 의견의 주인을 표시하지 않은 것은 공동의 책임으로 진행되었기 때문이다.

   아무쪼록 이 역해서가 예수재를 실행하는 스님들이나 독자들이 의례를 이해하는 데 도움이 되기를 바랄 뿐이다.

역해자 일동

청련사 불교문화예술연구소 학술총서 2

예 수 재 의 문 역 해

초　판 | 1쇄 인쇄 2023년 10월 16일
초　판 | 1쇄 발행 2023년 10월 23일

옮긴이 | 수봉 상진(최기훈) · 효능 일공(배기원)
　　　　이성운 · 구미래 · 윤소희
펴낸이 | [사]청련사예수시왕생칠재보존회
펴낸곳 | 재단법인 천년고찰 청련사
　　　　경기도 양주시 장흥면 권율로 169 (☎ 031-836-2439)
발행처 | 도서출판 중도
　　　　서울 종로구 삼봉로81 두산위브파빌리온 921호
등　록 | 2007. 2. 7. 제2-4556호
전　화 | 02-2278-2240

값 32,000원
ISBN 979-11-85175-68-3 93220